Juegos de seducción y traición

Juegos de seducción y traición
Literatura y cultura de masas

Ana María Amar Sánchez

Almenara

Consejo Editorial

Luisa Campuzano
Adriana Churampi
Stephanie Decante
Gabriel Giorgi
Gustavo Guerrero
Francisco Morán

Waldo Pérez Cino
Juan Carlos Quintero Herencia
José Ramón Ruisánchez
Julio Ramos
Enrico Mario Santí
Nanne Timmer

© Ana María Amar Sánchez, 2017
© Almenara, 2017

www.almenarapress.com
info@almenarapress.com

Leiden, The Netherlands

ISBN 978-94-92260-19-2

Imagen de cubierta: Hyeronimus Bosch, detalle

All rights reserved. Without limiting the rights under copyright reserved above, no part of this book may be reproduced, stored in or introduced into a retrieval system, or transmitted, in any form or by any means (electronic, mechanical, photocopying, recording or otherwise) without the written permission of both the copyright owner and the author of the book.

Prólogo a esta edición. 9

Capítulo i
Vínculos, usos y traiciones. La cuestión teórica. 11

    i. 11
    ii. 23
    iii.. 34

Capítulo ii
El crimen a veces paga. Policial latinoamericano
en el fin de siglo. 47

    Los códigos –los juegos– del género. 53
    Instrucciones para la derrota 66

Capítulo iii
Las políticas del mal gusto: un juego de seductores. . . . 91

    Lo feo, lo malo: una ética de las estéticas 91
    Mujeres apasionadas: historia, pasión y seducción. 101
    Estrategias de seductores: una política del placer 112
    Seducido por el género: la pasión por las fórmulas. 126

Capítulo IV
Entre el placer y la decepción.
Romance, melodrama y rock & roll 147
    El engañoso seductor 148
    Erotismo y decepción .166
    Ciudades desiertas: pop y desencanto 178
        Espacios vacíos o políticas de la posmodernidad: 182
        La realidad «pixelada»: una nueva pantalla para la ilusión . . 193

Bibliografía 201

*A la memoria de mis padres Ana y Víctor
y en recuerdo de Lola y Ventura*

Prólogo a esta edición

Este ensayo se publicó por primera vez en el año 2000; fue el resultado de una investigación que respondía a preocupaciones planteadas ya en mi primer libro dedicado a Rodolfo Walsh: la literatura y sus contactos con formas cuestionadas como el periodismo, los géneros masivos –en particular el detectivesco– y, sobre todo, el vínculo que establecían con lo político. Pensar las complejas conexiones entre arte y política era entonces, y sigue siéndolo, el enfoque que vertebra mis trabajos; los posibles sentidos que se abrían en el uso de formas desestimadas, desvalorizadas, de géneros destinados al puro entretenimiento, resultó uno de los caminos que por aquellos años tomó mi interés en estas cuestiones.

He mantenido en esta edición el texto original, con excepción de algunos agregados, correcciones de erratas y actualizaciones. Tal como está representa un etapa de mi reflexión, un puente que liga en algunos puntos claves mis primeros trabajos con los actuales; un momento de interés apasionado por formas culturales mal vistas y por autores de valor incierto para una parte de la crítica, más o menos sofisticada, más o menos snob.

Como antes y como siempre, estuvieron presentes en la revisión de este libro la colaboración, la paciencia y el apoyo incondicional de mi hijo César.

Buenos Aires, mayo de 2017

Capítulo I

Vínculos, usos y traiciones.
La cuestión teórica

1.

«La cultura popular es una categoría académica» (1995: 121). La frase que abre el estudio de Roger Chartier tiene la virtud de plantear un punto esencial a partir del cual se inician todos los debates en torno a las relaciones entre culturas «altas» y «bajas». La misma dificultad en encontrar modos de denominación, el uso constante de oposiciones binarias y de entrecomillados que pretenden anular las diferencias y eludir las posturas valorativas denuncian el complejo lugar desde el cual se las confronta y define. Toda reflexión sobre las formas populares y masivas se realiza ineludiblemente desde el ámbito de una cultura canónica, consagrada y/o desde el mundo académico. Es decir, presupone una mirada jerarquizadora y la restitución de polos de lectura de algún modo marcados por juicios de valor; no puede leerse la «otra cultura» sino desde un espacio específico que de algún modo condiciona la mirada: lo «bajo» resulta entonces definido como tal por lo «alto», que de esta manera puede confirmar su condición y distanciarse.

También este estudio está pensado −es inevitable− desde ciertas posturas críticas y su objeto mismo, *los vínculos que la literatura establece con formas pertenecientes a la cultura de masas*, supone un espacio de reconocimiento de las diferencias. Espacio en el que se trabaja, como lo hace todo discurso que se interesa por las relaciones entre ambas culturas, buscando los pliegues, las brechas, los gestos con que se borran y restituyen constantemente esas distinciones.

La mirada de los críticos, como la de los lectores, no deja de confirmar la vigencia de dicotomías alto/bajo y margen/centro: son las mismas teorías sobre la cultura de masas las que en la mayoría de los casos definen su objeto en oposición a la alta cultura y terminan sosteniendo posturas enfrentadas en términos de valor[1]. De este modo, muchos ensayos críticos presuponen un tipo superior de cultura, «definida en términos de algún modelo histórico: Iluminismo, Renacimiento, Modernidad» (Brantlinger 1983: 19), frente a la cual la cultura de masas representaría una declinación.

Por una parte, las dificultades para referirse a ella señalan el problema de «identidad» que sufre bajo la mirada de las culturas centrales; dificultades evidentes en la imposibilidad de escapar al uso de las comillas que permiten el doble juego de sugerir una distancia con respecto a las denominaciones incómodas, pero inevitables, al mismo tiempo que se las usa. Por otra, pensar en términos de arte y literatura «culta» *versus* «popular» arrastra la presencia de una larga cadena de oposiciones como «vulgar» *versus* «refinada», «pura» *versus* «impura», que, como está claro, nunca son simétricas e implican elecciones, jerarquías y asignaciones de valor en la que lo popular y masivo resulta el polo negativo e incluso desacreditable[2]. Es evidente, como señala Couégnas al referirse a la *paraliteratura*, que el prefijo significa ya desvío y contiene un sentido peyorativo opuesto a todo

---

[1] Entre los muchos trabajos que se pueden consultar es particularmente interesante el de Frederic Jameson, «Reification and Utopia in Mass Culture», incluido en su libro *Signatures of the Visible* (1992). Jameson rechaza las posiciones valorativas y propone repensar oposiciones como cultura alta/baja en la medida en que ambas son interdependientes y productos estéticos del capitalismo.

[2] Véase W. Rowe & V. Schelling 1991. Este trabajo sobre la cultura popular en América Latina plantea y desarrolla los principales debates de los últimos años sobre cultura popular y masiva.

estatuto «literario»; su presencia es de hecho una «cita» implícita de la norma literaria y de las jerarquías existentes entre los géneros[3].

Este libro se ocupa especialmente del *vínculo de la literatura con los géneros y estéticas de la cultura masiva* y el término popular se usa en él por extensión[4]. En este sentido, hay que recordar que la dicotomía popular/masivo también ha sido objeto de debates, en la medida en que ambos conceptos, en especial el primero, resultan particularmente ambiguos. La noción de «popular» se define siempre «en relación con un otro», como el conjunto de lo que está excluido de lo legítimo u oficial, y en esto pesa la imposición de los sistemas educativos y las instituciones culturales que suelen reforzar un pensamiento binario y dualista; en un movimiento característico de estos análisis se hablará entonces de pueblo *versus* élite, centro *versus* periferia, marginal *versus* oficial. Lo mismo que ocurre con el término «cultura» que da lugar a numerosas definiciones y debates, lo popular y lo masivo generan un alud de sinónimos y variaciones y quedan enfrentados a lo erudito, oficial, letrado y canónico[5].

A su vez, la cultura de masas se asocia a la expansión de los medios, la radio, el cine, las historietas, las fotonovelas y sobre todo la televisión; es decir, se trata de un conjunto de prácticas en estrecha

---

[3] Couégnas (1992), a pesar de reconocer esta dependencia de la mirada culta, no puede evitar reiterarla y analiza los rasgos de géneros populares como el folletín (ilusión referencial, clisés, verosimilitud, repetición, etcétera) en términos de «carencias» o «deficiencias» que lo distinguen de las formas artísticas.

[4] Utilizo el término «popular» también para referirme a la cultura de masas (en especial para géneros como el policial, la novela sentimental, etcétera) y a todos los signos de ella (propaganda, lengua, códigos sociales y de gusto). En segundo lugar, me refiero a lo «popular» en contraste con la «alta» cultura en cualquiera de sus manifestaciones.

[5] Grignon & Passeron (1991) establecen la pareja de oposiciones cultura dominada, popular y contracultura frente a cultura dominante, burguesa, culta y letrada. Asimismo, su concepto de «legitimidad cultural» podría ser asimilado en el campo literario al de canon, que presupone un contracanon o «margen».

dependencia del desarrollo que desde el siglo XIX han tenido las formas de reproducción técnica; estos medios han generado una cultura que suele confrontarse con lo popular entendido como lo oral, festivo y folklórico. Es más, se considera que las manifestaciones mediáticas han destruido esa cultura tradicional que «ha sido asfixiada, forzada a retroceder» (Chartier 1995: 124)[6]. La mayoría de los trabajos centrados en lo popular atribuyen entonces una influencia negativa a la cultura de masas y la definen como lo opuesto de una práctica «pura»: como una forma bastarda, destinada al entretenimiento superficial de un público que queda cautivo de ella[7]. Sin embargo, a pesar de las diferencias evidentes, ambas prácticas culturales parecen compartir una problemática común en torno a la *clase* de vínculos que se establecen en su contacto con las formas «cultas».

Los estudios de lo popular y lo masivo constituyen un inmenso campo en el que se pueden encontrar diversas posturas y numerosos enfoques. A los fines de este trabajo, interesan muy especialmente dos líneas que resultan claves como puntos de partida: por una parte, la que pone el acento en el análisis de las relaciones entre «formas altas y bajas» y en las tensiones que resultan de esa «lucha por el poder» entre ellas. En segundo lugar, las perspectivas que debaten y evalúan la posible función política de esas culturas, en especial de la cultura masiva.

Los estudios sobre cultura popular hechos desde la historiografía y la historia de las mentalidades, si bien no se refieren a la cultura de masas, han resultado particularmente valiosos para pensar el objeto

---

[6] Si bien Chartier menciona este desgaste en el que uno de los factores son los nuevos medios, está más interesado —como se verá más adelante— en las relaciones que la cultura popular establece con las otras formas en cada época.

[7] Son numerosos los estudios desde esta perspectiva: «La cultura de masas es sin duda la peor enemiga de la cultura popular, pues sus contenidos la invaden con mayor facilidad y resultan por cierto más nocivos que los de la cultura ilustrada» (Stavenhagen 1991: 9).

específico de análisis de este libro: *el modo en que toda una narrativa perteneciente a la literatura «culta» utiliza, se apropia y transforma los códigos masivos*. En este sentido, el trabajo de Chartier ya citado pone el acento en el modo de abordaje de esos vínculos más que en la búsqueda de rasgos específicos: «lo popular no habita en corpus a los que bastaría señalar, inventariar y describir. Antes que nada, califica *un modo de relación*, una manera de utilizar objetos o normas que circulan en toda la sociedad...» (1995:128, énfasis mío); desde su perspectiva, lo «popular» debe ser comprendido en un sentido dialéctico, como un proceso de lucha y conflicto entre diferentes instituciones y grupos. El término *apropiación* parece entonces esencial, apunta a atender los *usos* de esa cultura que nunca son neutros, por el contrario, producen siempre tensiones que tiene por objeto jerarquizar, consagrar o descalificar.

Chartier retoma y cita en el marco de las culturas populares el análisis de las prácticas cotidianas propuesto por Michel de Certeau[8]. Éste enfoca la cultura como una articuladora de conflictos y se interesa más en las *maneras* de usar que en lo que es usado; en este contexto, las tácticas, a diferencia de las estrategias que presuponen instituciones, normas y modelos, son generadoras de sentidos a veces extraños a los concebidos por los mismos productores; son «ingeniosidades del débil para sacar ventaja del fuerte, desembocan entonces *en una politización* de las prácticas cotidianas» (Certeau

---

[8] En *La invención de los cotidiano* (1996) de Certeau distingue *tácticas, estrategias* y *usos*, «los modos del hacer con» que resultan particularmente iluminadores para los estudios sobre relaciones entre lo popular y lo letrado. Las estrategias son el cálculo de relaciones de fuerzas que se vuelve posible a partir del momento en que un sujeto es susceptible de aislarse de un «ambiente». La táctica es un cálculo que no puede contar con un lugar propio, no tiene más lugar que el del otro. Muchas prácticas cotidianas son de tipo táctico, «son éxitos del "débil" contra el más "fuerte"». Las «maneras de hacer», los «usos» tienen su formalidad y su inventiva propias y organizan el trabajo del consumo. Véase el capítulo III, «Valerse de: usos y prácticas», 35-48.

1996: XLVIII, énfasis mío). Su atención a los modos de uso, a las relaciones de fuerza que se establecen en las prácticas y a su retórica, vuelven el análisis particularmente significativo para este estudio de la literatura conectada con la cultura de masas.

En esta misma perspectiva, *El queso y los gusanos* de Carlo Ginzburg propone una lectura de las relaciones entre las dos culturas que contemple la «dicotomía cultural, pero también la circularidad, la influencia recíproca [...] entre la cultura subalterna y la cultura hegemónica» (1991: 17). Ginzburg se vincula así con la tradición bajtiniana al igual que Peter Burke, quien, en la introducción a la edición española de su libro *La cultura popular en la Europa moderna*, destaca lo problemático de las definiciones de lo popular y la falsa impresión de homogeneidad que provoca, pero, sobre todo, subraya la necesidad de estudiar las interacciones entre las formas «altas y bajas» y sus modos de apropiación. Ese prólogo reúne a todos los autores que se interesan en estos enfoques: Chartier, Bourdieu, de Certeau definen, junto con Ginzburg, esa línea, heredera del camino abierto por Bajtin a los numerosos análisis del vínculo entre las dos culturas.

En efecto, el eco de los trabajos bajtinianos resuena en todos, en la medida en que puso el acento en la relación alto/bajo y en los resultados de ese contacto. Sin duda, ésta ha sido una de las líneas más productivas en los estudios de las culturas «bajas», e interesa en particular para este ensayo en la medida en que Bajtin encuentra a Rabelais «irremplazable para comprender la esencia profunda de la cultura cómica popular» (1990: 57). Es decir, ve en él, un exponente de la cultura «alta», cómo se revelan «con claridad excepcional» los elementos de la «baja». Y esto de alguna manera se acerca —más allá de la obvias distancias— a mi interés al tratar los textos de las últimas décadas del siglo XX. Bajtin considera que es precisamente el carácter popular y radical de las imágenes de Rabelais lo que explica su excepcionalmente rica condición. Y de este carácter popular es que se deriva su «aspecto no literario», es decir, «su resistencia a ajustarse a los cánones y reglas literarios vigentes desde el siglo XVI hasta nuestros días» (1990: 8). Me interesa señalar cómo el vínculo con la concepción del mundo popular no-oficial resulta el punto clave para pensar la obra de Rabelais: imágenes y formas procedentes de esa tradición constituyen sus representaciones y la naturaleza anticanónica de la cultura carnavalesca enriquece su producción y la dota, en la lectura bajtiniana, de un sentido político. Más allá del debate sobre su interpretación del carácter esencialmente transgresivo de lo popular, sienta las bases de una mirada enfocada sobre los *efectos* del vínculo entre culturas. Por eso pueden reunirse en esta tradición, y a pesar de sus diferencias, a los autores antes citados. Si Bajtin considera los usos de lo bajo en Rabelais, Ginzburg realiza un movimiento «complementario»: lee las transformaciones que sufre la forma culta al ser apropiada por el «iletrado», pero todos ellos atienden a los efectos políticos de la relación.

Por eso también Stallybrass y White en *The Politics and Poetics of Transgression*, aunque proponen una crítica de las idealizaciones del carnaval y otras formas provenientes de lo popular, efectúan una trasposición de las concepciones bajtinianas al marco del análisis de diversas prácticas culturales. El proyecto intenta ver cómo los discursos altos se estructuran en relación con las «degradaciones» del discurso bajo y cómo se invaden mutuamente: se trata de analizar «la contradictoria naturaleza de las jerarquías simbólicas en las construcciones dominantes de la literatura y las formaciones sociales» (1986: 6)[9].

Estas perspectivas –ya se ha señalado– se concentran especialmente en la cultura popular y por esa razón se ocupan de distintos períodos históricos hasta el siglo pasado. La inclusión de los fenóme-

---

[9] Es interesante observar cómo el trabajo de estos autores analiza el empleo de signos jerarquizadores: los puntos de antagonismo, superposición e intersección entre lo alto y lo bajo proveen, en su opinión, una base fundamental de los mecanismos de ordenamiento e interpretación en las culturas europeas.

nos masivos es poco frecuente, casi siempre casual y condenatoria. Stallybrass y White, por ejemplo, luego de defender las relaciones de diferencia porque otorgan una particular complejidad al intercambio entre ambas culturas, sostienen que «las sociedades post-industriales se caracterizarían por la universalización de la *middle class* y por la abolición de las diferencias cualitativas en una cultura estándar» (1986: 9).

No deja de ser paradójico que algunos de los trabajos más productivos para el enfoque de este libro, interesado en la literatura y sus conexiones con la cultura de masas, provengan de perspectivas histórico-culturales sobre las prácticas populares que, en su mayoría, rechazan o no se ocupan de lo mediático. Dos estudios dedicados a ambas culturas en el siglo XX constituyen una importante excepción: Martín-Barbero analiza la comunicación como «una cuestión de *mediaciones* más que de medios», y en este sentido se desplaza metodológicamente para enfocar el proceso «de la recepción, el de las resistencias, el de la *apropiación desde los usos*» (1993: 10, énfasis mío). Se trata entonces de concebir la cultura de masas como un espacio dinámico y en conflicto, sentando así las bases teóricas para pensar los medios de comunicación masiva también como un sistema en permanente reelaboración y transformación debido a los usos que hacen de ellos los sujetos.

A su vez, García Canclini analiza, en *Culturas híbridas. Estrategias para entrar y salir de la modernidad*, lo culto, lo popular y lo masivo como «construcciones *culturales*» que no tienen «ninguna consistencia como estructuras naturales» (1990: 339). La dificultad para definir qué es lo culto o lo masivo proviene de que su «verosimilitud» depende de coyunturas históricas que los han esencializado. Productos de la modernidad, las contradicciones y el relativismo de estas oposiciones demuestran hasta qué punto son problemáticas. Se trata, entonces, de prácticas en constante reorganización y «contagio» que la crítica distingue como espacios separados y así claramente definibles. García

Canclini piensa en términos de entrecruzamientos, de redes fluidas donde ambos polos ya no pueden aparecer como entidades fijas sino como «escenarios» donde tienen lugar procesos de hibridización.

Todos los enfoques considerados aquí se concentran en las formas de uso, apropiación, hibridez, mediación; frente a las bien definidas dicotomías, y sin negarlas en la mayoría de los casos, estos estudios optan por la consideración de los complejos, conflictivos pero muy productivos puntos de intersección, fusión y transformación entre las culturas.

La otra perspectiva en los estudios de la cultura de masas que resulta indispensable considerar es la que puede denominarse «el enfoque político del fenómeno». Una larga tradición de debates busca definir a lo largo del siglo XX su eficacia política y genera dos posturas bien delineadas, que alguna vez Umberto Eco llamó «apocalípticas e integradas». La denominación condensa todas las variables de ambas líneas y define en parte los términos del debate.

La ya clásica polémica que se abre con las posiciones de Adorno *versus* Benjamin ha sido discutida y explicada hasta el agotamiento y ha definido el tono y proporcionado los ítems principales para la discusión durante todo el siglo XX[10]. En el famoso ensayo «La industria cultural» quedan sentadas las bases del enfoque acusatorio contra la cultura de masas: es engaño, repetición, semejanza e imitación y su capacidad de producir entretenimiento funciona como un mecanismo de despolitizar y generar un consumo alienado[11].

---

[10] Los inevitables y paradigmáticos trabajos que abren el debate son «La industria cultural» de Adorno y Horkheimer y «La obra de arte en la época de su reproductibilidad técnica» de Benjamin.

[11] Definiciones como «inevitablemente, cada manifestación particular de la industria cultural hace de los hombres aquello en lo que dicha industria en su totalidad los ha convertido» (Adorno 1994: 172) son la antítesis del optimismo de Benjamin acerca de las posibilidades del uso político y democrático que proporciona la capacidad reproductiva de los medios masivos.

Desde entonces todos estos conceptos ingresan con pocas variantes y de modo reiterado en el debate. Puede coincidirse con muchos de los postulados adornianos, en especial en cuanto a los efectos e incidencia de lo masivo en los medios de comunicación; sin embargo, su posición extrema sobre manifestaciones culturales provenientes de lo popular, fácilmente atacable por elitista, no deja espacio a ningún uso posible de esas formas por parte de la «cultura alta»[12]. Abre así una brecha insalvable entre Arte y formas masivas, y éste es el punto donde la narrativa analizada en los siguientes capítulos parece debatir con su postura y cuestionarla.

A lo largo del siglo la discusión tiene hitos como Hans Enzensberger (1984) y Gianni Vattimo (1990), que continúan la polémica y pueden ser considerados como las versiones de la perspectiva benjaminiana en los años setenta y ochenta respectivamente. El primero es su continuador por el reconocimiento de la potencialidad política de los medios técnicos, que no son en sí mismos buenos ni malos: demonizados por la izquierda, se los ha descartado sin aprovechar sus posibilidades. Por otra parte, su reconocimiento de la imposibilidad de escapar a la manipulación del material relativiza ese concepto, siempre ligado al de consumo alienado de los productos masivos; se problematiza así una de las ecuaciones esenciales de la crítica antimediática: manipulación = consumo = alienación.

A su vez, Vattimo, como paradigmático pensador de los años ochenta, atribuye «el fin de los sistemas unitarios» a la capacidad de la cultura de masas de este fin de siglo para hacer posible «la multiplicidad da la palabra no sólo a otras culturas sino incluso a "subsistemas" internos de la cultura occidental. [En nuestra cultura] la utopía

---

[12] Son muchos los trabajos sobre cultura de masas que incluyen análisis de la Escuela de Frankfurt y de sus debates; remito en particular al capítulo III, «Industria cultural: capitalismo y legitimación» del libro ya citado de Martín-Barbero (1993) y a Swingewood 1987; un excelente estudio de la polémica Benjamin *versus* Adorno se encuentra en Lunn 1986.

estética actúa sólo desplegándose como heterotopía» (1990: 165). Este pasaje a la «heterotopía», entendida como un mundo de alternativas de expresión para las culturas y grupos periféricos gracias a los medios masivos, puede leerse como la versión posmoderna de las utopías en que caen las perspectivas anteriores. En efecto, desde Benjamin y hasta Vattimo la defensa de los medios, como espacio de acceso a una democratización de la cultura, adolece de un aspecto utópico que suele ser el rasgo más débil de los análisis y el más fácil de rebatir. Esto es así porque todas las indiscutibles *posibilidades* políticas de las formas mediáticas no se han cumplido o lo han hecho de modo muy parcial, excepto cuando han sido usadas, apropiadas por otras «zonas» o manifestaciones culturales como la literatura o la pintura.

El debate entre los miembros de la Escuela de Frankfurt, Adorno, Horkheimer y Habermas, y los más notables «integrados» como Benjamin, Enzensberger y Vattimo, podría condensarse en la figura de Umberto Eco, quien no sólo resume las dos posturas sino también trata de resolver o reducir la distancia entre algunas de las posiciones más irreductibles[13]. Sin embargo, son los textos de ficción mismos, la producción literaria, la que proporciona la respuesta más interesante al debate e incluso parece clausurarlo.

Podrían enmarcarse dentro de esta discusión la mayoría de los estudios desarrollados en la segunda mitad del siglo aunque presenten a primera vista una notable diversidad: desde los clásicos trabajos de Leo Lowenthal y Dwight MacDonald[14] hasta los aportes del grupo de Birmingham con sus análisis deudores tanto de los críticos mar-

---

[13] Algunos de sus aportes a la reflexión sobre la cultura de masas son particularmente importantes para este trabajo y se analizan en detalle en el tercer apartado de este capítulo.

[14] Un excelente panorama sobre estos autores se encuentra en «Historical Perspectives of Popular Culture» y «A Theory of Mass Culture», en Rosenberg & White 1957.

xistas ingleses –Raymond Williams entre otros– como del concepto de hegemonía de Gramsci.

Exponer las múltiples posiciones y perspectivas de los últimos treinta años no es el objetivo de este apartado; sólo se trata de destacar las dos líneas que representan un antecedente y un aporte significativo a la discusión planteada en este libro; tratándose de un estudio centrado en la *literatura,* me interesan especialmente aquellos debates que la incluyen o permiten la reflexión sobre ella[15]. De hecho, la mayoría de los ensayos enfocan la cultura de masas en tanto fenómeno social y el análisis de los géneros masivos suele quedar reducido a los efectos ideológicos de las fórmulas narrativas[16]; son raros los críticos interesados en los *modos* de contacto con la «otra» cultura y en los resultados de tal aproximación[17]. La gran cantidad de estudios que intentan describir y clasificar las culturas popular y de masas y los enfoques sobre ellas exponen las dificultades para abarcarlas y definirlas: diversos sistemas de ordenamiento, compilaciones de artículos representativos de diferentes líneas de abordaje, panoramas de sus modos de manifestación en campos como el cine o la televisión hablan de la necesidad de apresar y comprender un

---

[15] No abundan los trabajos dedicados a la literatura; una de las pocas excepciones quizá sea la antología de Zubieta (1999), que reúne una serie de artículos interesados en estudiar los diversos modos en que la literatura latinoamericana usa las formas de lo popular.

[16] Véase Palmer 1991 como ejemplo paradigmático de los estudios sobre los géneros populares.

[17] El estudio de Oscar Steimberg *Semiótica de los medios masivos* (1998) tiene como subtítulo *El pasaje a los medios de los géneros populares*, y de algún modo realiza la propuesta inversa a la de este trabajo: en su última parte analiza cómo se transpone la literatura al cine, la televisión o la historieta. Este pasaje a los lenguajes híbridos mostraría un tipo de producción de sentido característico y se lee como un empobrecimiento, una pérdida de significaciones propia de la caída de la condición literaria.

fenómeno que se hace dominante en la constitución de la cultura a partir de los años sesenta[18].

En este sentido, toda una línea reciente relaciona esta expansión de los mass media al posmodernismo[19]; los fenómenos masivos y sus modos de manifestación quedan enmarcados en esta coyuntura histórica y social. Los trabajos de los miembros de la Escuela de Birmingham son ejemplares de esta perspectiva y en una vía muy diferente también lo son los análisis de Eco, que serán considerados más adelante. Importa aquí, en especial, una lectura que asocia la presencia de lo masivo al desarrollo de los medios y a un particular momento histórico-político, en la medida en que los siguientes capítulos se ocupan de la narrativa producida durante estos últimos treinta años del siglo XX. Así, los nexos establecidos entre parodia/modernidad y pastiche/posmodernidad aluden a un punto esencial del debate: ambos –parodia y pastiche– son también dos formas de relación que han signado el modo de abordar ambas culturas y que serán discutidos en este trabajo.

II.

La última mitad del siglo XX ha sido una época caracterizada por la apropiación de imágenes y convenciones pertenecientes a la cultura de masas. En verdad, podría pensarse esta etapa como la culminación de un proceso de expansión de las formas populares que comenzó más de dos siglos atrás. En el presente ya no puede pensar la cultura como un sistema totalizador sino que se trata de un conjunto

---

[18] Son numerosos los trabajos que podrían citarse. Véase, entre otros, Strinati 1995, Avery & Eason (eds.) 1991, Fiske 1994, Ashley 1989 y Downing (ed.) 1990. Para la literatura brasileña véase Caldas 1987. En castellano puede consultarse Zubieta (ed.) 2000.

[19] Véase McRobbie 1994, Docker 1994 y Alomes & Hartog (eds.) 1991.

de discursos en conflicto, a menudo contradictorios, en lucha por legitimarse como formas privilegiadas de representación. Entre ellos, la cultura de masas ha sido uno de los factores más claros de crisis y de desestabilización de las categorías con las que se piensa el arte; ha determinado cambios fundamentales en la noción misma de lo que se entiende por tal, en la medida en que expuso una multiplicidad de posibilidades estéticas. Por otra parte, con la caída de las utopías vanguardistas cayó también la oposición consumo/experimentación, es decir, la distinción entre arte y géneros masivos, considerados «amenos y poco problemáticos». Luego de los textos experimentales de las neovanguardias en lo que suele llamarse el fin de la modernidad, uno de los caminos posibles fue retomar una tradición que pugna en la cultura latinoamericana por ganar espacios y que ha producido un permanente juego de contacto y distancia con esas vanguardias a las que suele considerarse como su antítesis. En efecto, en América Latina la presencia y el desarrollo de las formas populares ha sido una constante de su historia literaria. Casi podría afirmarse que ésta se define por su vínculo permanente con discursos no literarios, en especial con los géneros populares –pensados casi siempre como subliteratura[20]–. Ellos han incidido en las formas «cultas», provocando modificaciones y cambios en el canon: una cantidad de textos pertenecientes a la narrativa latinoamericana dramatiza en su construcción la fragmentación discursiva, la ambigüedad y la tensión características del encuentro entre géneros «altos» y «bajos». Su fusión y su ingreso al sistema literario produjeron su redefinición, ampliaron sus fronteras y generaron cambios en la noción misma de literatura: el ejemplo paradigmático es la historia del rechazo y posterior canonización de autores como Roberto Arlt y Manuel Puig.

---

[20] González Echevarría (1990) sostiene que la literatura latinoamericana se ha constituido en una constante relación con discursos no literarios (históricos, legales, científicos). Puede decirse que las narrativas de la cultura popular han tenido una incidencia aun mayor que la de esos discursos.

1. Vínculos, usos y traiciones

El eje de este libro es el análisis de los *modos* de contacto que los relatos considerados establecen entre las dos culturas. A primera vista, podrían señalarse dos formas en que la literatura culta trabaja las fórmulas populares: por una parte, los casos en que se establece una distancia jerarquizadora –paródica– con respecto a las formas masivas. El uso que hacen del policial Borges y Bioy Casares, o Cortázar del periodismo y la historieta, son ejemplos de esta posición. En segundo lugar, los textos que instauran una relación sin jerarquías con los materiales de la cultura de masas: usan múltiples formas, las combinan y fusionan produciendo el efecto de pastiche característico de los relatos de Puig. Sin embargo, ambas alternativas realizan un movimiento similar en su acercamiento a lo «bajo»; en este sentido, podría pensarse –y volveré sobre este punto– que el efecto paródico es el resultado de una posición de lectura.

En todos los casos, el contacto con las formas populares implica siempre una transformación, una torsión del código utilizado; se subvierten siempre algunos elementos y se fusionan géneros, formas discursivas, estéticas, niveles de lengua. Los textos realizan un movimiento contradictorio y un tanto ambiguo: se acercan a la cultura de masas y la incluyen, pero a la vez establecen distancia con respecto a ella. Este vínculo con las formas «bajas» se sostiene en la ambigüedad de una relación que he definido como de «seducción y traición» simultáneas: constantemente se tiende a borrar las jerarquías y a apropiarse de lo «bajo» para restituir de inmediato diferencias que distinguen a los textos de esos «márgenes».

Precisamente, aceptar que se trata de una literatura que explora esas formas «menores» presupone de algún modo el reconocimiento tácito de un «centro», de una cultura «mayor» desde donde se realiza todo contacto. Es interesante la opinión de un autor de relatos policiales y de ciencia ficción como Elvio Gandolfo, quien en una entrevista rebate la noción de «géneros menores»: «La denominación géneros menores me desorienta [...] desde muchos puntos de vista Mallarmé, el surrealismo o la novela indigenista son más marginales que Conan Doyle, la policial o la novela rosa» (1984: 52). No quiere decir esto que el arte conectado a lo masivo sea necesariamente popular, sino que casi todo autor que ha producido una «ruptura» en el campo literario ha tenido firmes vínculos con géneros menores, por lo que éstos resultan en verdad mucho más centrales de lo que se piensa.

Ese movimiento de apropiación produce una movilidad de las fronteras aunque no las borra; se trata en todos los casos de una narrativa perteneciente al sistema literario, escrita –y leída– desde él y que como tal, está en permanente relación con el canon en la búsqueda por reemplazarlo y ocupar su lugar. Las formas «bajas» o «menores» son aquellas prácticas que no han sido incorporadas todavía a la literatura o que se sitúan en el límite de ella. Implican una relación móvil, de tensión, en la que puede haber diferentes modos de confrontación o fusión. El vínculo entre las dos culturas ha sido entonces un proceso de continua lucha y conflicto en que ambas se han apropiado de parte de la otra. Si bien ha predominado un proceso de descalificación y exclusión que rechaza y deja fuera de la cultura canonizada, sacralizada, las formas populares y masivas, la literatura que me ocupa ha abierto un espacio mucho más lábil: su uso implica siempre, a pesar de las distancias que se restituyen, un reconocimiento y un ingreso al sistema. En este sentido, los géneros masivos han funcionado como un espacio clave si los pensamos, de acuerdo con Martín-Barbero, como «*estrategias de comunicabilidad*» (1993: 241; énfasis del original)[21], como el momento de una *negociación*. La perspectiva pragmática que propone Martín-Barbero acentúa la «marca cultural» que implica el uso de un género.

---

[21] En el apartado «Lógicas de la producción y de los usos» del capítulo «Los métodos: de los medios a las mediaciones», Martín-Barbero analiza los géneros literarios como «algo que pasa *por* el texto», es decir, como una de las formas de la mediación entre «la lógica del sistema productivo y las lógicas de los usos» (1993: 309).

De este modo, el trabajo de un autor como Puig sobre las formas masivas presupone ya una negociación entre culturas: el género se vuelve el espacio de encuentro y debate entre ellas. El conflicto se instaura en los textos que lo resuelven aceptando la tensión y la diferencia con esa cultura, pero elaborando estrategias de apropiación; construyen así significaciones nuevas, «extrañas» a las del código original. Apropiándose de las formas populares, trabajando en el límite de ambas culturas, se crea un equilibrio inestable, una perpetua negociación entre ellas[22]. Las fórmulas populares y sus modos de representación inciden en la literatura culta, ésta los incluye y se transforma a la vez que los modifica. Su uso implica una táctica de apropiación que permite su disfrute, el goce y el reconocimiento de su encanto, pero también supone estrategias que dejan establecidas las distancias entre un texto de Puig –por ejemplo– y los folletines con los que se constituye. Esta distancia y esta diferencia en el uso de la «otra» cultura están notablemente representadas en una escena de *Boquitas Pintadas*, cuando en la «decimotercera entrega» dos de las protagonistas, Mabel y Nené, escuchan un radioteatro. El capítulo se enmarca con los comentarios de un narrador que podría pertenecer por su estilo al mismo radioteatro, un folletín romántico que funciona como la puesta en abismo de la novela[23]: el romance se proyecta en las figuras femeninas y sus comentarios son el resultado de su experiencia personal, sus prejuicios y sus clisés. La escena genera un

---

[22] Dice Suso de Toro, un autor gallego de relatos policiales, en el prólogo a su novela *Ambulancia*: «Este libriño [...] forma parte dese xogo de contradicción constante en min entre as formas da cultura máis elaborada e a cultura de masas. [...] Non me achego pois á narración "negra" con esa mirada irónica [...] Polo demais son consciente de que arrastro a este xénero popular moitos tics culturalistas» (1993: 9).

[23] Se abre el capítulo con «tal vez un vago presagio asió su garganta con guante de seda, Mabel entre sus brazos estrechó un ramo de rosas y aspiró el dulce perfume» (1969: 184) y se cierra asimilando el personaje del radioteatro a las protagonistas «...y se enamoran de quien no deben. Destinos... » (1969: 200).

contrapunto entre la perspectiva de ambas protagonistas reunidas en torno a la radio e identificadas con la historia de amor que escuchan y el efecto contradictorio y distanciado que produce leer ese capítulo en el marco de toda la novela. Sin embargo, el elemento clave está en la diferencia con el radioteatro y su código folletinesco que –más allá del posible final feliz– se resuelve siempre por el bien, por el triunfo de los sentimientos de valor, amor y sacrificio[24]. La distancia entre el universo del consuelo que proponen ambos relatos se dramatiza: «la comedia de la imposible felicidad» jugada por las dos protagonistas queda expuesta en *Boquitas pintadas* por el narrador: «[…] los breves segundos que tardó en replicar traicionaron su juego, la comedia de la felicidad estaba terminada. Nené con profunda satisfacción comprobó que se hablaban de farsante a farsante» (1969: 198). La frustración, la farsa en torno a sus vidas felices salen a la luz para volver a ocultarse casi inmediatamente, esta vez recurriendo a otra forma de la cultura de masas: el bolero. Y es justamente por su capacidad consolatoria que se recuerdan sus letras hechas «para todas las mujeres» y que «dicen muchas verdades». El final del capítulo en el que queda expuesto el fracaso y el desconsuelo de ambas protagonistas se aleja del imaginario creado por el radioteatro. Las dos ven la vida a través de la adhesión a los códigos: la radionovela o el bolero remiten a referentes reales para ellas y ése es un punto de inflexión fundamental de la discrepancia con los lectores del texto, para quienes éste representa una constante remisión a fórmulas muy conocidas. Si la novela de Puig se subtitula «folletín» es indudable que este capítulo diseña sus diferencias con el género, juega con él, lo transforma y busca la complicidad de lectores muy lejanos a Nené o Mabel; lectores que, sin embargo, disfrutan como ellas con la fórmula pero pueden sostener

---

[24] Afirma Eco que la novela popular es demagógica, tiende a la paz, mientras la novela problemática deja al lector en guerra consigo mismo. Véase «Las lágrimas del corsario negro» (Eco 1995: 13-25).

una distancia que no es otra que la que proporciona la pertenencia a otros espacios culturales.

Esta escena podría haber sido leída como una parodia de varios géneros: folletín, radioteatro, novela de amor; de hecho, predominó por largo tiempo este enfoque para toda la producción de Puig, como para la mayoría de los textos considerados en este libro. El contacto de esta narrativa con la cultura de masas parece haber sido entendido casi siempre como un proyecto paródico e incluso destructivo.

La noción de parodia arrastra una larga tradición ligada especialmente a una función jerarquizadora, y quizá por eso la crítica ha privilegiado esta lectura que presupone una actitud valorativa y descalificadora hacia lo masivo. Bajtin y los teóricos del formalismo ruso de algún modo dieron la impronta con que se pensó la forma a casi todo lo largo del siglo XX. Para Tynianov –«Destruction, parodie» (1969)– es destrucción, juego de planos discordantes, sesgo que se consolida con Bajtin, quien la considera uno de los mejores ejemplos de discurso dialógico[25]. La noción implica confrontación de lenguajes, conflicto ideológico, antagonismo de los discursos que subrayan la polémica inherente a la relación establecida. El discurso paródico supone entonces el enfrentamiento de dos puntos de vista: siempre es disidente con respecto al parodiado, que se convierte así en objeto de burla y rechazo.

La visión paródica tanto como ejercicio literario o crítico suele ligarse a coyunturas históricas precisas. De este modo, Jameson diferencia la parodia del pastiche como dos formas que corresponden a las prácticas culturales de la modernidad y posmodernidad respectivamente. La primera se burla del original y presupone la existencia de una norma lingüística. El pastiche, en cambio, es «una práctica neutral [...] una parodia vacía» (1991: 37), y sólo es posible en un momento en que se desvanecen las reglas y no tenemos más que

---

[25] Para el desarrollo de su postura, véase Bajtin 1982.

diversidad y heterogeneidad de estilos. Por otra parte, esta práctica no tiene como punto de referencia una cultura superior, sino que está muy ligada a las formas masivas, dominantes en esta época. A diferencia de la parodia, que implica un mirada ridiculizadora desde la alta cultura sobre la forma descalificada, el pastiche iguala, nivela sin establecer juicios de valor sobre los diversos elementos puestos en contacto.

A su vez, Linda Hutcheon difiere de Bajtin con su concepto de parodia y parece acercarse a la noción de «distancia irónica» de Eco, que se comentará más adelante en este trabajo. La parodia es para ella una forma de imitación caracterizada por la inversión irónica, no necesariamente a expensas del texto parodiado. Se trata de una repetición con distancia crítica[26]; es decir, se trataría de un procedimiento que acentúa las diferencias más que las similaridades. Hutcheon admite la imposibilidad de pensar en términos que sean transhistóricos, de modo que su definición corresponde a la parodia moderna, que requeriría siempre una dimensión crítica de distanciamiento y que se distingue del pastiche por su «trans-contextualización irónica». Es decir, supone un «reciclaje artístico» o una refuncionalización de los elementos parodiados.

Como puede observarse las distinciones establecidas por los diferentes teóricos resultan bastante imprecisas y en cierto grado se superponen[27]; si se despoja a la parodia de todo proyecto «destructivo», tiende a asimilarse al pastiche, al que, por lo demás, es difícil definir como «neutro» en la medida en que toda reorganización o cita de elementos es de por sí una evaluación de ellos. El concepto de ironía, por otra parte, se emplea con diferentes acepciones en cada

---

[26] Para esta cuestión es fundamental su *A Theory of Parody*; véase también *The Politics of Postmodernism*.

[27] Por ejemplo, se unifican, como partes de un «lexicon posmoderno», parodia, ironía, eclecticismo y simulacro y se los relaciona a las estéticas *kitsch* y *camp*. Véase Wheale (1995: 42-51).

caso, acercándose a una noción de parodia más bajtiniana (y por lo tanto más descalificadora del original) o, como se verá en el caso de Eco, ligada a la idea de «ausencia de ingenuidad» en el uso de la cita[28]. Las diferencias parecen depender en gran medida del punto de vista con que se abordan los textos; la mirada crítica también está históricamente contextualizada y decidir si se trata de parodia o no suele ser el resultado de un efecto de lectura.

Sin rechazar las perspectivas que han explorado este enfoque[29], me interesa acentuar otro camino en la relación entre las culturas «altas» y «bajas». El uso mismo del concepto de parodia –aun cuando se remita a las posturas posmodernistas– tiende a reiterar un tipo de análisis que de algún modo congela el vínculo y lo da por resuelto; casi siempre termina filtrándose y restituyéndose la mirada descalificadora o al menos jerárquica. Incluso en el caso de textos que podrían considerarse «parodias/homenajes» (dejando de lado las dificultades de justificar con rigor estas distinciones), como el policial *Manual de perdedores* analizado en el capítulo II, la denominación clasifica, ubica la novela en una tradición pero no atiende a la clase de lazos, tensiones y transformaciones que se producen en ella. En este sentido, más que negar las lecturas paródicas, interesa desplazar la discusión hacia otro terreno y atender a *cómo* se conectan los discursos y *qué efectos* resultan de ese contacto. Y en particular, interesa analizar qué significaciones se desprenden de esa distancia que generan los textos

---

[28] La noción de pastiche, como ocurre con la ironía, se asimila y distingue a la vez de conceptos como los de Eco considerados en el apartado III de este capítulo; la ausencia de humor que atribuye Jameson al pastiche, a su vez, se contrapone con el uso de la cita de la otra cultura en la posmodernidad, que para Eco implica siempre una dosis de juego.

[29] Dos estudios sobre literatura latinoamericana que trabajan desde la perspectiva de la parodia serán considerados posteriormente: el de Solotorevsky, *Literatura-Paraliteratura*, quien dedica un capítulo a «Géneros paraliterarios como modelos parodiados» en el que incluye a Puig, el género policial y Donoso, y el trabajo de Sklodowska, *La parodia en la nueva novela hispanoamericana (1960-1985)*.

con respecto a las fórmulas masivas; distancia sí, pero no destrucción ni «demolición» de la otra cultura.

Las posiciones posmodernistas en torno a la parodia quieren evitar ese prejuicio implícito en la tradición de la modernidad que supone una actitud inevitablemente descalificadora cuando se usan las formas «bajas». Como se dijo, Jameson recurre a la heterogeneidad de estilos y la ausencia de un canon totalizador para oponer pastiche a parodia, la neutralidad del primero a la actitud valorativa de la segunda. Sin embargo, el canon y los márgenes siempre persisten: precisamente el uso de la cultura de masas, su inclusión, forma parte de esa búsqueda de espacios nuevos, de intentos de forzar las fronteras del sistema. Constituye una estrategia en el conflicto con el arte ya reconocido, que tiene por objeto disputar ese lugar consagratorio y convertirse en un nuevo canon.

A la vez, este juego de antagonismos con la tradición actualiza la discutible dicotomía que enfrenta vanguardia a cultura de masas; términos que serán claves para muchos trabajos sobre *kitsch* y *camp* y que resumen de modo ejemplar una de las clásicas vías con que se leen las diferencias entre las dos culturas. Es posible que sea en este punto donde más notable se haga el lazo con la actual coyuntura histórica, cuando confrontar los códigos masivos a la vanguardia resulta ya imposible. No obstante, esta oposición sirvió durante mucho tiempo para definir ambos fenómenos como dos formas escindidas y caracterizadas por los polos negativo y positivo respectivamente.

Vattimo en «Muerte o crepúsculo del arte» señala que a partir de las vanguardias históricas se verifica «un fenómeno general de "explosión" de la estética fuera de los límites institucionales fijados por la tradición» (1997: 50). Sin duda, un hecho decisivo para esto fue el impacto de la técnica en el sentido planteado por Benjamin en su ensayo «La obra de arte en la época de su reproductibilidad técnica». Es decir, los medios producen una modificación radical en las prácticas artísticas; a esta muerte del arte por obra de los medios de comunicación de masas, los artistas a menudo respondieron con un comportamiento que [...] se manifiesta como una especie de suicidio de protesta: contra el *Kitsch* y la cultura de masas manipulada [...] el arte auténtico se refugió en posiciones programáticas de verdadera aporía al renegar de todo elemento de deleite inmediato de la obra, al rechazar la comunicación y al decidirse por el puro y simple silencio. (Vattimo 1997: 53)

A pesar de estas posturas, durante los años sesenta manifestaciones como el *Pop art* subrayan la pérdida de vigencia de esa dicotomía y el vínculo existente entre ambas. Formas como el pop se apropiaron de la capacidad revulsiva y el sentido político inherente a las vanguardias; se trató de un fenómeno cultural en el que puede leerse el gesto vanguardista *a través de* la asimilación mediática.

La llamada «contracultura» característica de esa década propone el camino hacia un tipo de sociedad alternativa y proyecta una imagen de vanguardia por medio de formas como el pop y el *camp* rechazando el canon establecido. Por esa razón, cuando quiso acercar «la alta cultura y la cultura popular, lo que hacía era reafirmar el proyecto del vanguardismo clásico de unificar esas esferas culturales que habían sido separadas artificialmente» (Huyssen 1988: 147). Si los críticos están de acuerdo en que la vanguardia ya no es viable en el presente, las estéticas que desde los sesenta han recurrido a los medios tecnológicos y a las formas populares parecen ser las que mejor han podido eliminar la brecha entre «arte culto, experimental y politizado» frente a «masivo, consumista y alienado». Y en el fin del siglo XX, cuando ya el contacto de las formas artísticas con lo masivo empieza a considerarse parte de una tradición, puede pensarse en ellas como un espacio de disolución de algunas dicotomías y de fusión, confrontación y debate de otras, es decir, como un espacio político por excelencia.

III.

La mayoría de los debates en torno a los medios, el predominio de perspectivas bipolares que se resuelven en rechazos o alternativas utópicas, la discusión sobre el carácter político o no de lo masivo, terminan en un callejón sin salida cuando se trata de emprender un estudio de la narrativa en contacto con esa cultura. La visión condenatoria de Adorno o el optimismo de Benjamin han generado posiciones irreductibles; alejarse de estas posturas extremas obliga a buscar nuevas alternativas de lectura. Por una parte, los medios masivos son una presencia dominante en la cultura del fin del siglo, están entre nosotros como una constante de nuestra vida cotidiana. Por otra, el arte, y en especial, la literatura considerada en este ensayo, establecen de hecho relaciones con la cultura de masas muy complejas, que exceden los enfoques ceñidos extrictamente a los medios propiamente dichos. En este sentido, los análisis de esas formas masivas no resuelven los problemas planteados a un estudio que se ocupa de textos de la cultura «alta» constituidos *con o a partir* de las formas marginales, los géneros masivos, las estéticas del mal gusto. Como ya se señaló en los anteriores apartados, más que pretender definir la naturaleza del vínculo importa ver cómo la literatura trabaja y transforma esa cultura, así como qué resultados produce este contacto.

La mayoría de los teóricos –y no son excepciones Benjamin, Vattimo o Enzensberger– que se refieren a los medios masivos apenas aluden a su modo de presencia en la literatura. Sus ensayos funcionan entonces como un marco de referencia para pensar los diversos problemas que plantea la relación entre las dos culturas; además, en los estudios sobre el campo literario predominan –como ya se dijo– las lecturas paródicas y los enfoques que reiteran la dicotomía entre apocalípticos o integrados. Me interesa proponer otro camino para la consideración de las relaciones entre ambas culturas y para el análisis de las formas «bajas» en el arte.

Como se sabe, uno de los argumentos más comunes para rechazar los mass media se concentra en su condición repetitiva que tiende a congelarse en lo ya conocido y probado. Esto es particularmente evidente en las fórmulas de los géneros populares; de hecho, su estudio se reduce muchas veces a constatar –y condenar– el estricto cumplimiento del código en cada historia y la poca o nula innovación producida[30]. Como se discutirá en los siguientes capítulos, los géneros masivos y en general toda la cultura popular se caracteriza por cumplir rigurosamente las leyes de sus códigos. El policial, la novela sentimental, el folletín, trabajan en el límite de la convención y no pueden alejarse demasiado de la fórmula pues corren el riesgo de que el lector adicto los desconozca[31]. El placer de reencontrarse con lo esperable es la garantía segura del éxito de estas formas: goce y reconocimiento están indisolublemente unidos en el texto masivo. Umberto Eco analiza cómo en el relato serial el receptor «cree disfrutar con la novedad de la historia, cuando, en realidad, disfruta con la repetición de un esquema narrativo constante» (1988: 138); el placer se deriva entonces de «volver a oír siempre la misma historia, verse consolado con el *regreso de lo idéntico*» (1988: 138; énfasis del original). Esta función consoladora de la repetición es el objeto de condena de la crítica que suele identificar el arte con lo original y lo único.

Las estéticas de la modernidad (a la inversa de las clásicas respecto de lo popular) han sido muy severas con los productos de la cultura masiva por su condición serial e iterativa de la que derivan su carác-

---

[30] Se retoma este aspecto particularmente en el capítulo II a propósito del género policial. Para un análisis de las fórmulas y su función social sigue vigente un trabajo clásico como el de Cawelti, *Adventure, Mystery, and Romance Formula Stories as Art and Popular Culture*.

[31] Muchos críticos ubican géneros como el romance dentro de la literatura popular y masiva en la medida en que está también sujeto a la convención y a su reconocimiento por parte del lector. Véase en particular Frye 1976 y Jameson 1981.

ter alienante. Una novela policial o una película «de vaqueros» son consideradas como ejemplos de un modelo ya dado y, por lo tanto, no pueden juzgarse como arte. Lejos de la «creación artística», mantienen un esquema preestablecido y son productos de la «industria cultural», según la expresión adorniana[32]. Queda asociado lo masivo, formulaico y repetitivo con el placer[33] y el consuelo que proporcionan conduce fatalmente a la despolitización de esos códigos[34]. Si la buena literatura se define para muchos por su capacidad de ruptura de los cánones a los que se halla sujeta, los géneros populares parecen no tener oportunidad alguna de ingresar en ella. Las estéticas posmodernas proponen, en cambio, un nuevo modo de enfrentar la idea de repetición aceptando un cierto trabajo de transformación con las fórmulas y los géneros. En este sentido, puede enfocarse una narrativa que se apropia de los códigos masivos, reproduce y cita textos, fórmulas, géneros; sin embargo, esta «redundancia» produce algo muy distinto al simple placer consolatorio y alienante[35]. El uso

---

[32] La «estructura estereotipada» del melodrama y el folletín, por ejemplo, se analiza frecuentemente desde la perspectiva de su función ideológica; funciona por repeticiones, acumulación de incidentes y dilaciones para mantener la expectativa. La técnica de la fragmentación (que se extiende hasta la telenovela) genera el placer y la necesidad de «saber» y confirmar lo conocido y previsible.

[33] Entre muchos otros ejemplos, las «Actes du colloque "Les Mauvais genres"» definen los «malos géneros» en oposición a los «buenos» en tanto los primeros producen placer; se los define como «producciones culturales de gran consumo [...] destinadas a un gran número de personas» (1992: 14).

[34] Se encuentran matices en esta perspectiva: Jameson (1992) considera la cultura de masas no como un entretenimiento vacío, sino como un trabajo de transformación de las ansiedades y fantasías presentes en ella y le concede un potencial utópico. Beatriz Sarlo (1985) analiza las narraciones semanales como pertenecientes a una estética sin problematicidad y marcada por el clisé; sin embargo, les reconoce la capacidad, a través del «módico nivel de placer» que generaban, de inducir a la lectura.

[35] Manuel Puig en *El beso de la mujer araña* plantea un vínculo mucho más complejo y ambiguo que el simple consuelo: «...yo me sentía fenómeno, me había

de lo serial en estos relatos genera otros pactos con el lector que se juegan entre el reconocimiento, «el placer regresivo de la vuelta de lo esperado» (Eco 1995: 18) con su consiguiente solución reducida a clisés y la diferencia, la variante que desvía, transforma —como ya se ha señalado en el anterior apartado— y se distancia de la fórmula.

Esa distancia que producen los relatos considerados aquí con respecto a las mismas formas masivas a las que apelan problematiza la idea de placer y abre otras alternativas de lectura. Umberto Eco recuerda que tanto la repetición como el placer han sido condenados por las estéticas vanguardistas, especialmente por las neovanguardias de los años sesenta, que asocian dificultad con extrañamiento y desalienación y diversión con desvío de los problemas, o sea, consuelo alienante. El predomino de la intriga es propio de las formas de entretenimiento consideradas siempre muy distantes de «lo literario». Sin embargo, con el comienzo del arte pop, se diluyen las diferencias entre arte experimental y masivo; las estéticas de la modernidad dejan paso a las de la posmodernidad, donde se comienza a enfocar desde otras perspectivas las nociones de amenidad y consuelo: consumo y provocación ya no son oposiciones irreductibles. La propuesta de Eco en *Las apostillas a El nombre de la rosa* puede ser entonces la clave para establecer un camino diferente de lectura. Al revalorizar el concepto de diversión y recuperar las formas populares vistas desde lo que él llama «la actitud posmoderna», proporciona una alternativa distinta

---

olvidado de esta mugre de celda, de todo, contándote la película. –Yo también me había olvidado de todo. –¿Y entonces?, ¿por qué cortarme la ilusión, a mí, y a vos también?, ¿qué hazaña es ésa?» (1976: 23); «...no puedo hacer otra cosa que pensar en cosas lindas, para no volverme loco... Que me dejes un poco que me escape de la realidad... ¿querés que me vuelva loco? –te podés volver loco... alienándote...Ese modo tuyo de pensar en cosas lindas, como decís, puede ser peligroso... Puede ser un vicio escaparse así de la realidad, es como una droga» (1976: 85). El diálogo entre los protagonistas pone en escena el debate sobre la función escapista de la cultura de masas y demuestra a través del personaje de Molina que la «fuga» que proporciona no conduce inevitablemente a la alienación.

a la tradicional bipolaridad mencionada. Eco considera este uso de lo masivo como una «cita»: «volver a la intriga incluso a través de citas de otras intrigas, y [...] las citas podían ser *menos consoladoras* que las intrigas citadas [...]» (1984: 71; énfasis mío). Este es el punto de inflexión por donde he podido comenzar a pensar otra manera de considerar una literatura que recurre a formas consoladoras pero ejercita algún tipo de conversión sobre ellas. Puede suponerse que se instaura un nuevo pacto con el lector crítico y se lo desafía a notar simultáneamente lo conocido y la innovación en la que radica esa diferencia.

La «ironía sin ingenuidad» (Eco 1984: 74), es decir, el ejercicio *sin inocencia* de la cita, habla de un trabajo de acercamiento y distancia, de un contacto que siempre implica transformación; se trata entonces de un juego metalingüístico en el que citar es siempre reconocer una afinidad y establecer, a la vez, una diferencia[36]. El vínculo que proponen los textos ya no se resuelve ni explica con la noción de «placer consolador». Esta narrativa trabaja con la cultura de masas, el mal gusto y todas las estéticas centradas en el placer inmediato del lector; es decir, apela a esa atracción de las fórmulas pero elabora otros usos: esa cita no es rechazo ni parodia jerarquizadora. Se trata de una relación que recuerda en cierto modo la idea de pastiche ya mencionada anteriormente y definida como una parodia sin intención destructiva; aunque sólo en parte es posible asimilar esa «neutralidad» de la que habla Jameson a la «cita sin ingenuidad», autoconciente, metaliteraria, sistema de remisiones perpetuas a códigos que no implica juicio valorativo alguno. Lejos pues del rechazo escandalizado de la «alta cultura» pero sin la seriedad o la inocencia de las formas mediáticas.

---

[36] La distancia irónica implica una mirada no inocente, metarreflexiva; la mirada del espectador de Almodóvar que disfruta de los boleros y el *kitsch* de sus películas sabiendo que son una cita de códigos y no «los toma en serio», pero tampoco los descalifica.

Los textos de los autores aquí tratados siguen las huellas de Manuel Puig o Luis Rafael Sánchez y se mueven en este mismo sentido: recurren a códigos marcados por la convención con los que recuperan las posibilidades de divertir, encantar, *seducir* al lector, pero citan sin ingenuidad, distanciándose y estableciendo una diferencia deceptiva[37]. En este punto, los relatos parecen remitirnos a la idea de seducción que propone Jean Baudrillard en *De la seducción*[38].

La seducción es desde su perspectiva un juego estratégico destinado a posponer el cumplimiento del deseo y, por lo tanto, es lo opuesto al placer, a la satisfacción de la demanda: es una «forma irónica y alternativa [...] espacio no de deseo, sino de juego y de desafío...» (1991: 27). Se trata entonces de un ritual, de una «pasión por el desvío», y por lo tanto de un artificio sostenido por las estrategias de la ilusión: «lo que se pone en juego es la provocación y la decepción del deseo, cuya única verdad es centellar y ser decepcionado» (1991: 84).

La seducción es entonces simulacro, un sistema de artificios y tácticas destinado a suspender, postergar y finalmente decepcionar las promesas de placer. Queda así diseñada otra alternativa para enfrentar los mecanismos de los relatos aquí analizados: todos ellos apelan al encanto de las fórmulas, seducen con la promesa de un placer conocido, pero lo postergan y decepcionan al transformarlas siempre en algún punto clave del código. En el espacio que genera la

---

[37] *Rayuela* de Julio Cortázar busca un lector «activo», que comparta todo el saber, la erudición, la cultura del texto. *The Buenos Aires Affair* de Manuel Puig, por el contrario, busca seducir a un lector que se deje atraer por la promesa de un relato policial; pero lo seduce para abandonarlo, exigirle más y darle algo distinto de lo que esperaba, le pide una constante revisión de sus saberes y presupuestos mucho más compleja de lo que suele esperarse de un relato tan ligado a la cultura de masas.

[38] El desarrollo de su propuesta lo retomo más adelante, en especial en el tercer apartado del capítulo III; sin embargo, en la medida en que es fundante para mi argumentación considero necesario insistir y reiterar aquí algunos de sus puntos principales.

expectativa frustrada del lector se produce esa *diferencia* de los textos con las formas mediáticas.

Si bien la noción de Baudrillard no se refiere específicamente a la literatura, proporciona una alternativa para superar tanto las lecturas que asimilan esta producción a la cultura de masas sin establecer distinciones, como las bien conocidas perspectivas condenatorias en la tradición adorniana. Es decir, construir un texto a partir de la cultura de masas no implica necesariamente provocar un consuelo alienado. Los relatos de Puig o de Arlt demuestran que se puede explotar la seducción potencial de las fórmulas sin acatarlas: el placer inmediato que confirma lo conocido y la seducción provocada por un juego de estrategias y postergaciones son dos movimientos opuestos.

El juego seductor apela al encanto y diversión que posee la cultura de masas y puede leerse como una respuesta o un intento de clausurar la polémica con Adorno, ya que el eje seducción/traición disuelve el debate y brinda una salida a una discusión que atraviesa todo el siglo XX. Por este motivo, el concepto de Baudrillard me parece particularmente interesante para el análisis de estas formas relacionadas con la cultura de masas. Sin desestimar otros aportes, como los psicoanalíticos, en los que abundan las remisiones a esta categoría, considero que la perspectiva aquí planteada permite enfocar desde otra postura la tradicional acusación de facilismo, placer inmediato, consumo banal y alienación que acompaña la lectura de muchos discursos vinculados con las formas masivas.

Hay que recordar que la noción de seducción ha sido muy usada a propósito de la cultura de masas, aunque en casi todos los casos adquiere un matiz negativo: los mass media seducen y así manipulan al consumidor[39]. La seducción «construye nuestro mundo y lo

---

[39] Adorno y Horkheimer sostienen que «La industria cultural sigue siendo la industria de la diversión. Su poder sobre los consumidores está mediatizado por la diversión [...] Divertirse significa estar de acuerdo. [...] que no hay que pensar, que

remodela según un *proceso sistemático de personalización* que consiste esencialmente en multiplicar y diversificar la oferta, en proponer más para que uno decida más» (Lipovetsky 1986: 19; énfasis del original). Por eso Lipovetsky –en *La era del vacío*– la asocia a la política en tanto la imagen «personalizada» de los líderes se impone a partir del dominio de los medios que los construyen; la seducción es entonces «hija del individualismo hedonista» (1986: 25) y reitera un imaginario que la condena y la relaciona con el mal tal como señala Baudrillard: «Un destino indeleble recae sobre la seducción. […] es siempre la del mal. […] Es el artificio del mundo» (1991: 9).

Seducir es según los apocalípticos el camino seguro para producir alienación de las conciencias y representaciones falsas. En este sentido, lejos de la idea de estrategia y considerada desde una perspectiva moralista, la seducción queda vinculada al placer inmediato y al engaño: la estética *kitsch* en particular, como se verá en el capítulo III, sería el equivalente de un seductor artificio engañoso. Esta visión «puritana», que rechaza el placer y más aún la seducción como sospechosos, se encuentra tanto en la izquierda como en el capitalismo; ambos siempre intentan regularlos y oponerlos a la idea de utilidad[40].

En estos casos se piensa la seducción como «una afirmación de poder», y como tal es una fuerza, un camino de acceso al otro que se traduce en un sistema de astucias, complicidades y transgresiones en el que se puede equiparar las tácticas seductoras del erotismo con las del relato[41]. Por eso, considerada como un artificio estratégico y un ejercicio de poder, se tiñe –otra vez– de un matiz reprobador en los estudios sobre narrativa destinada al público femenino. La seducción en los romances no se lee como un procedimiento del

---

hay que olvidar el dolor […] Es, en verdad, huida […] La liberación que promete la diversión es liberación del pensamiento en cuanto negación» (1994: 181-189).

[40] Véase Davies 1983.
[41] Véase Olender & Sojcher 1980.

relato sino como la representación de un estado de cosas; conquista, posesión, ejercicio de un poderío sexual, político o intelectual sólo reproducen la hegemonía y el control del hombre sobre la mujer: ésta es seducida por «las historias que los hombres han contado en torno a seducciones y por la visión de la mujer que puede derivarse de esas historias» (Miller 1991: 22). Seducir es entonces, para esta lectura, conquistar y cautivar en una relación desigual sostenida por el consentimiento pasivo de la seducida, objeto de las intenciones y el deseo del seductor.

Nada más diferente a la perspectiva de Baudrillard, donde el artificio no está visto como engaño para dominar al otro. Por el contrario, la estrategia seductora propone una relación dual en la que no puede haber dominantes ni dominados; es un lugar de juego, un espacio productor de ilusión que nada tiene que ver con la mentira, sino con un intercambio, con establecer y sostener un encantamiento entre las partes: dejarse encantar y arrastrar (recuérdese que éste es el sentido literal del verbo *seduco* en latín) en un recorrido por un espacio siempre distinto al esperado y en busca de un deseo siempre fugitivo.

La seducción no es entonces un ejercicio de poder, por el contrario, «es más fuerte que el poder [...] el poder no se sostiene ni un instante sin la fascinación que lo soporta» (Baudrillard 1991: 48-49). Es un concepto mucho más complejo: no le corresponden categorías morales ni establece vínculos deterministas con lo real o con una verdad referencial. Se trata de una tensión, de un juego casi ritual sostenido por la constante posposición del deseo. Es un territorio *simulado* cuyo sentido no depende de nada externo, sino que se genera en el nexo mismo.

Casi no se encuentran estudios que reivindiquen el carácter seductor de la narración en ninguna de sus posibles acepciones. No parece casual que las perspectivas más cercanas a la aquí propuesta se encuentren en dos estudios sobre Puig, probablemente el autor que mejor comprendió y llevó a la práctica la capacidad seductora de la cultura de masas. El artículo de Jorge Panesi «Manuel Puig: las relaciones peligrosas» señala que «narrar implica en Puig ejercer la seducción, contar es ejercitar un poder que el erotismo confiere» (1983: 913). A su vez, Alan Pauls sostiene que Puig elabora «una teoría de la seducción narrativa» que es «una forma de pensar la relación escritor-lector, una reflexión sobre la circulación de la literatura y también sobre su consumo» (1986: 27). La pregunta gira entonces en torno a cómo cautivar al público, puesto que «seducir, narrar y vender son las tres caras de una misma operación» (Pauls 1986: 34). Podría pensarse la figura de Molina, en *El beso de la mujer araña*, como una representación paradigmática de esa función seductora: narrar, encantar y convencer son los «trabajos» del personaje a lo largo de toda la novela. Ambos estudios analizan cómo las historias de Puig están fuertemente articuladas en torno a la idea de seducción, un eje que parece esencial para organizar sus relatos. Si bien no se trata aquí estrictamente de la misma noción que en Baudrillard, el concepto está ligado en los dos críticos a las nociones de interés y erotismo como fuerzas positivas, motores de la construcción narrativa[42].

Los siguientes capítulos estudian los diversos vínculos y estrategias que los textos establecen con las formas masivas. Relatos pertenecientes a la *literatura* que han buscado en los márgenes de la misma nuevas alternativas, en todos se puede leer la seducción

---

[42] Leer *El beso de la mujer araña* es leer su capacidad ilusoria y al mismo tiempo liberadora, su carácter *kitsch* exasperado y sus posibilidades políticas. El cine es para Molina, el protagonista, consuelo y táctica de supervivencia, pero será también un camino que lo llevará de la fantasía a la lucidez política. Para los personajes de Puig el cine es imaginación, ilusión, consuelo, refugio. Sin embargo, la alienación de Toto o de Nené en *La traición de Rita Hayworth* siempre es cuestionada por el texto. Los personajes miran las imágenes y queda claro que no se pueden mirar a sí mismos. Entre lo «real» y la pantalla hay siempre, en los textos de Puig, una distancia que la ilusión cinematográfica en la que caen sus protagonistas se empeña en borrar.

por los géneros y los discursos de la cultura popular, paralela a la producida –y buscada– en el lector, pero seguida de una inevitable «traición». Amor e infidelidad hacia las formas populares: los textos la usan, la integran pero no pueden evitar marcar su diferencia, que es la diferencia con la otra cultura. En todos los casos, la literatura vinculada con las formas masivas realiza el mismo gesto de contacto y distanciamiento, desde el uso que hace Borges del policial hasta las transformaciones que se analizan en los siguientes capítulos: distintas estrategias pero el mismo gesto de seducción y decepción. Y es en ese espacio que construye la diferencia entre el uso seductor y la decepción de lo esperado que se abre la posibilidad de una *lectura política*.

El conjunto de relatos elegidos pertenece a un momento de fuerte predominio de los medios masivos, cuando autores como Roberto Arlt, Rodolfo Walsh, Manuel Puig, Luis Rafael Sánchez y sus usos de las cultura mediática ya se están transformando en canónicos. A partir de ellos, se desarrolla en los últimos treinta años –luego del cambio e irrupción de nuevas formas que significaron los años sesenta– en América Latina una narrativa que recoge esta tradición y busca consolidar un espacio dominante en el sistema literario. Aunque pertenece indudablemente a él, su estrecho contacto con una cultura considerada «baja» o «menor» la ubica en un incómodo espacio a la hora del reconocimiento. Sin embargo, es necesario recordar que las formas populares han estado siempre presentes en la «alta» cultura y que el lector de los clásicos lee también en ellos los géneros y lenguas «bajas» que fueron incorporados, apropiados por el canon literario. Por ejemplo, una fórmula popular por excelencia como el folletín del siglo XIX es punto de partida de muchas variantes de la cultura de consumo en la actualidad, pero también está presente en la «alta» literatura. Su modo de publicación por entregas se reitera en la novela sentimental, la de aventuras y el policial entre otros, a la vez que se lo reconoce en la historieta y la telenovela. Pero, al mismo tiempo, esta forma «baja» por definición ha sido fundamental en la conformación de la novela latinoamericana del siglo XX; sostiene gran parte de la producción de autores que pueden considerarse momentos de apertura y puesta en crisis del sistema como Roberto Arlt, Jorge Amado o Manuel Puig, y en ese fin de siglo estructura los relatos de Luis Zapata o Ana Lydia Vega. Es decir, las fórmulas del relato popular marcan la constitución de una narrativa que representará dentro del sistema literario su opuesto: la lucha contra la convención y la apertura a nuevas formas.

Lo mismo ocurre con los códigos de la radio, la música popular, la novela rosa, el cine, la crónica social y, en especial, la publicidad. Las novelas parecen organizarse como espectáculos característicos de la cultura de masas donde se exaspera la condición seductora de los medios masivos a la vez que se los transforma y «traiciona». Un personaje de *La importancia de llamarse Daniel Santos* de Luis Rafael Sánchez señala: «la modernidad se sitúa en las destrucciones que construyen, en la fragmentación como materia prima, en el vacío poblado de flechas direccionales» (1988: 78). Estas flechas conectan los textos entre sí, tienden líneas hacia otros y permiten ir construyendo un «mapa» de su funcionamiento.

El trabajo enfoca un grupo de textos latinoamericanos para ponerlos en contacto, establecer un hilo conductor entre ellos y encontrar comunes filiaciones. Analiza esta producción como un universo en el que –más allá de las obvias diferencias– se han tendido redes y se han establecido verdaderas constelaciones que ligan relatos del Caribe a otros del Cono Sur o de México. Los textos pueden pensarse en estos encadenamientos que los vinculan entre sí a través de estrategias similares de contacto con «la otra cultura», con la forma masiva. Los relatos y los géneros elegidos no configuran ninguna ley universal ni determinan comportamientos que definan todo fenómeno en contacto con la cultura de masas. Por el contrario, se trata de leer en el *corpus* construido algunas de las posibles constelaciones que se establecen entre ellos[43]. Ver los hilos que los unen significa pensarlos en *una* de las direcciones posibles en las que pueden ser leídos, jugar con las redes que ellos mismos tejen, intentar escuchar el diálogo que sostienen[44].

---

[43] Uso aquí la noción de *corpus* tal como la plantea LaCapra en «Repensar la historia intelectual y leer los textos», incluido en *Giro lingüístico e historia intelectual*. «El texto se considera como el "lugar" de intersección de la tradición prolongada y la época específica […] no está inmovilizado ni se presenta como un nudo autónomo; se lo sitúa en una red plenamente relacional» (1998: 263). El *corpus* es «como un solo texto de mayor escala»; se plantea entonces la cuestión de su identidad como «el problema de la relación entre un texto y los textos de otros escritores, así como otros textos del mismo escritor» (275).

[44] El concepto de red es deudor de Foucault – véase «Contestación al círculo de epistemología». Si el *corpus* es «como un texto de mayor escala» y apunta a una cierta homogeneidad, la red presta atención a los nexos y relaciones no jerarquizadas, a la dispersión, heterogeneidad y pluralidad que se tienden entre los textos.

Capítulo II

El crimen a veces paga.
Policial latinoamericano en el fin de siglo

> Literatura é uma tolice. Raymond Chandler é melhor que Dostoiewski, mas ninguém tem coragem de dizer isso.
>
> Rubem Fonseca, *O caso Morel*

El relato policial latinoamericano es quizá uno de los casos más interesantes de las relaciones que se han discutido en el capítulo anterior entre formas «menores» y literatura. El género, en su forma canónica, establece con el lector un fuerte vínculo de seducción; gran parte de su encanto y de su capacidad adictiva se genera en la complicidad y el placer del reconocimiento del código compartido. Si bien todo género –si nos atenemos al conocido principio aristotélico– produce alguna forma de placer que le es específica, el policial se define y depende particularmente de este contacto. La mayoría de los críticos coinciden en que la forma del placer propia del género se sostiene en el suspenso. La necesidad de develar el enigma, descubrir «quién es el asesino, porqué y cómo mató», parece ser el primer elemento que atrapa al lector[1]. Es indudable que el suspenso es esencial al placer; sin embargo, éste no se articula sólo con el deseo de saber o

---

[1] Veáse Palmer 1980 y Most & Stowe (eds.) 1983. Una perspectiva sociológica acerca de la gratificación que experimenta el lector con la revelación del enigma puede verse en Berger 1992.

con la capacidad deductiva a la que desafía la historia. Considero que el placer depende del nexo cómplice que se instaura entre el lector y el código, ese diálogo que supone un guiño de reconocimiento frente a cada elemento esperable de la fórmula. Por eso se trata de una de las formas masivas en que queda más expuesto el contrato social que existe entre autor y público[2].

La historia del género en América Latina es un ejemplo de su flexibilidad y de sus posibilidades más allá de la fórmula. Esto es notorio a partir de los sesenta y de la influencia del policial «duro» norteamericano. Las versiones latinoamericanas del género contradicen a los detractores que lo acusan de ser una máquina de repetición de la fórmula empobrecedora y alienante[3]. Recuérdese a Umberto Eco cuando subraya la severidad de las estéticas modernas con los productos de la cultura de masas, precisamente por su condición serial y repetitiva[4]. Si el relato policial convencional está «programado» para repetir la norma, el mejor texto será entonces el que cumpla más exactamente con las reglas canónicas. Por esa razón, no podría medirse –sostienen los críticos– con la misma vara a «estos productos masivos» y a «la literatura». Una novela policial sería siempre una manifestación particular, con pocas variaciones, de la fórmula; ésta, a su vez, es el requisito indispensable de una literatura de masas destinada a la evasión de un lector adicto que sólo desea reencontrarse con lo ya conocido y realimentar sus fantasías de un mundo más interesante[5].

---

[2] Fredric Jameson sostiene que los géneros son esencialmente instituciones literarias o contratos sociales entre el escritor y un público específico y su función es especificar el uso propio de un «artefacto» cultural particular (1981: 106).

[3] Véanse los trabajos ya clásicos de Brunori (1980), Narcejac (1986) y Todorov (1978).

[4] Véase «Innovación en el serial», en Eco 1988.

[5] Lo sabe el narrador-escritor de *Bufo & Spallanzani* de Rubem Fonseca, que resiste el pedido de su editor porque el lector «[...] não quer, de fato, são coisas muito novas, diferentes do que está acostumado a consumir [...] se o leitor sabe

Sin embargo, los policiales latinoamericanos, en especial desde Borges, han usado las formas canónicas libremente, parodiándolas e integrándolas con otras. La historia del género en la Argentina es ejemplar de este proceso: Borges parodia pero también transforma el relato de enigma. Usa y cuestiona los elementos que lo constituyen. Desde entonces y hasta el presente, el policial en América Latina se define por su trabajo de «deformación» y explotación de las variables implícitas en las fórmulas. De Borges a Sasturain o Taibo II –y también a la inversa, claro: desde Sasturain releemos de otro modo a Borges– puede seguirse la historia de un género y de sus posibilidades de transformación.

No hay duda de que se puede encontrar en otras narrativas un uso transformador de algunos elementos genéricos del policial: parte de la producción de Friedrich Dürrenmatt –*Justicia*, *El encargo*, *La promesa*– ejemplifica este trabajo de apropiación. Ahora bien, es en la literatura latinoamericana donde este proceso se vuelve sistemático. Se trata de una constante que reitera similares variaciones sobre el canon. José Pablo Feinmann da cuenta de esta actitud refiriéndose a la literatura argentina: «¿Qué quiere decir que hemos escrito novelas que son *más* o son *menos* que novelas policiales? Quiere decir que no nos hemos *sometido* al género. La policial argentina [...] ha trabajado en los *bordes* del género, no *dentro* del género» (1991: 164; énfasis del original).

Como se sabe, todo policial necesita un *crimen* rodeado de *misterio*; en tanto que el *suspenso* sostiene la *investigación* que el *detective* lleva a cabo. Estos componentes canónicos admiten modificaciones, y sus variables definen cómo se articulan los tres términos esenciales para el género: *crimen, verdad, justicia*. El policial narra cómo, una

---

que *não* quer o novo, sabe, *contrario sensu*, que quer, sim, o velho, o conhecido, que lhe permite fruir, menos ansiosamente, o texto» (1985: 170).

vez cometido un crimen, se desarrolla la búsqueda de la verdad y se restablece la justicia.

Cada forma –enigma clásico, novela negra– resuelve y define de modo diferente los elementos de este triángulo. Precisamente, estas diferencias determinan desde el relato clásico al duro una progresiva politización del crimen, distintos modos de representarlo (distintas clases de crímenes) y vínculos diferentes con la ley. El género articula las relaciones entre los términos: verdad y justicia sólo serán posibles en relación con cierta legalidad. Crimen y ley juegan en posiciones de complementariedad: la ley decide si hay crimen, si hay verdad y si se hará justicia. La historia del género va dibujando las posibilidades de estos términos desde el relato clásico con sus crímenes domésticos, verdades, castigos y leyes confiables, hasta el presente[6]. Los relatos testimoniales de Rodolfo Walsh desarrollaron al máximo esta tendencia: el contacto con el periodismo señala el momento culminante de este proceso de politización del crimen y de transformación de las relaciones en la tríada «crimen-verdad-justicia»[7].

---

[6] Véase Chandler 1980 y Enzensberger, *Política y delito*.

[7] Este es el tópico que analizo en el capítulo sobre policial de mi libro *El relato de los hechos. Rodolfo Walsh: testimonio y escritura*. La hipótesis que defiendo allí sobre la relación entre estado y crimen debía mucho a trabajos como *Política y delito* de Hans Enzensberger y a las reflexiones de Josefina Ludmer sobre delito y estado en relatos no policiales. Pero fundamentalmente, se desarrolló a partir de los textos del mismo Rodolfo Walsh: en el cierre de *Operación Masacre*, el narrador se muestra escéptico sobre la justicia y asocia delito, estado e impunidad por primera vez en la literatura policial argentina: «[...] el gobierno de la revolución libertadora aplicó retroactivamente [...] una ley marcial [...] y *eso no es fusilamiento. Es un asesinato.* [...] La clase que estos gobiernos representan se solidariza con aquel asesinato, lo acepta como hechura suya y no lo castiga simplemente porque no está dispuesta a castigarse a sí misma» (1972: 192-193; énfasis mío). En *¿Quién mató a Rosendo?*, su último relato testimonial/policial, se lee: «Hace años, al tratar casos similares, confié en que algún género de sanción caería sobre los culpables [...] Era una ingenuidad en la que hoy no incurriré [...] El sistema no castiga a sus hombres: los premia. No encarcela a sus verdugos: los

El género nació en el siglo XIX estrechamente ligado a la modernidad y a la racionalidad positivista: su fe en el sistema y en el orden legal, en el triunfo de la razón y la lógica va erosionándose a lo largo del siglo XX[8]. Podría así pensarse que los textos de Walsh son la culminación y cierre de un proceso de desintegración de las certezas iniciado por Borges. Sin embargo, el policial de las últimas décadas del siglo recoge y acentúa esta tradición: lee a Walsh y lee en él las posibilidades que abre Borges.

El presente capítulo analiza en la narrativa policial latinoamericana de las últimas décadas cómo estas posibilidades se convierten en «la ley del género»; cómo los textos representan y resuelven en lo imaginario y jugando con los términos del sistema los conflictos y deseos de los que se hace cargo el género. Borges usó y parodió la fórmula clásica, pero también cuestionó su canon, es decir, la segura resolución del sistema, el descubrimiento de la verdad, el castigo del culpable, el cumplimiento de la ley y de la justicia. Con Walsh, esa sólida y tranquilizadora lectura estalla definitivamente: se redefine el código y la función del género.

---

mantiene. [...] *el sistema, el gobierno, la justicia* [...] *son cómplices, son encubridores de los asesinos* [...] Los verdugos fueron hombres que gozaron o compartieron el poder oficial [...]» (1984: 166-168; énfasis mío). Por otra parte y desde la reedición de estos textos y el regreso a la democracia el vínculo entre Estado y crimen se instaló en el imaginario social argentino y aparece designado bajos diversas formas: pueden verse –entre otros– los trabajos periodísticos de Horacio Verbitsky y estudios como *El estado terrorista argentino* de Eduardo Luis Duhalde. Duhalde sostiene que el proceso creciente de las *prácticas ilegales promovidas desde el propio Estado* fue generando las condiciones para un verdadero Estado terrorista.

[8] Jon Thompson (1993), entre otros, analiza las diferentes formas del policial como emergentes de las sucesivas etapas de la modernidad: la ficción de Hammett es parte de la tradición del relato policial que se desarrolló y respondió a lo urbano en el momento de industrialización en la historia moderna. Es decir, la ficción «hard-boiled» representa a América como imperio, pero como un imperio en declive.

A pesar de que este proceso resulta paradigmático en la literatura argentina, otros policiales latinoamericanos realizan la misma lectura del código. América Latina parece un vasto campo para el crimen y la investigación: los textos de un extenso corpus dialogan entre sí y con otros géneros al mismo tiempo. Leer estos relatos es entonces leer el género en sus transformaciones, en sus vínculos con otros discursos y en coyunturas históricas muy precisas.

En los años ochenta los policiales del mexicano Paco Ignacio Taibo II, del brasileño Rubem Fonseca y del argentino Juan Sasturain configuran un diseño ejemplar del sistema. Son la respuesta que la literatura latinoamericana ha dado a la posibilidad de constituir una versión propia del género policial. En ellos están presentes los textos canónicos, pero también las «variaciones» que se gestaron en años anteriores: Puig (*The Buenos Aires Affair*), Leñero (*Los albañiles*), Piglia (*Respiración artificial*). En los sesenta, cuando los relatos de Chandler y Hammett cobraban importancia, muchos se preguntaban acerca de sus posibilidades de traducción –en el doble sentido de la lengua y de un género con indudables vínculos con la cultura norteamericana[9]. Desde entonces, textos como *Manual de perdedores* de Sasturain, *Agosto* y «Romance negro» de Fonseca o *Sombra de la sombra* de Taibo[10] han construido una respuesta. El género fue desarrollando una «versión criolla» que juega de modo permanente con la alusión

---

[9] Señala Ricardo Piglia: «Pensar la inserción de la literatura policial en la Argentina a partir de Walsh y de Goligorsky supone tener en cuenta los cruces entre traducir y escribir el género, entre adaptarlo y repetir sus fórmulas [...] junto con la historia de ese traslado (con sus repeticiones, traiciones, parodias y plagios) era posible aventurar la hipótesis de otro uso, más secreto e indirecto de los temas y de los procedimientos [...] Se trataría entonces de ver la forma en que la narración policial actuó en la literatura argentina y analizar sus efectos. Esa es para mí la diferencia entre el uso de un género y su *remake*» (1993: 8-9).

[10] Elegir estos autores y concentrarse en los textos mencionados implica aceptar un recorte en un *corpus* posible muy extenso. Soy consciente de que dejo de lado muchos relatos que apenas serán mencionados.

intertextual y con el humor acerca de los clisés del código, pero que, a la vez, se politiza.

Los códigos –los juegos– del género

El policial del fin de siglo XX se presenta como un balance y un ajuste de cuentas con el género. Los textos son una reflexión sobre él, sobre sus reglas canónicas, al mismo tiempo que producen una deformación de las mismas. Borges –claro está– abre el camino que transforma el código en América Latina y le da un giro impensable a una forma «consolatoria y de entretenimiento». Su particular manera de usarla produce toda una vertiente en la que se fusionan parodia, transformación y homenaje; su uso libre y «desviante» de las fórmulas ha minado el fundamento mismo del género. Los cuentos socavan, a través de las variaciones de la trama, la «legalidad» del canon, y por eso mismo atraen la atención sobre él. El policial se vuelve así un forma marcada doblemente por un vínculo cómplice con el lector entendido: reconocimiento del código pero también de los juegos y distancias con respecto a él. Lo seductor se encuentra en el goce de ese cruce simultáneo entre lo conocido y su diferencia.

Desde los sesenta la alusión al canon y su deformación atraviesa numerosos relatos: textos como *The Buenos Aires Affair* (1973) de Manuel Puig y *Los albañiles* (1963) de Vicente Leñero usan y desplazan elementos como el enigma, la investigación o el crimen. El relato de Puig se subtitula *novela policial* y prepara así al lector para un código que sistemáticamente será violado; se frustra todo intento de reconocimiento del canon, e incluso el crimen resulta fingido y/o desplazado[11]. Por su parte, las novelas de Leñero –no sólo *Los albañi-*

---

[11] Para un análisis de las transgresiones operadas sobre el género en esta novela véase Ponce 1998.

les, sino también *El garabato* o *Estudio Q*–, atravesadas por el *nouveau roman*, distorsionan el sistema, comprometen la investigación y cuestionan la posibilidad de descubrir la verdad. *Los albañiles*, planteado como un conjunto de confesiones de los probables asesinos ante el detective, subraya la imposibilidad de alcanzar cualquier certeza y el fracaso de la búsqueda en la que se equiparan detective y lector. Este último punto es esencial porque los relatos reiteran su condición de policiales y «atrapan» al lector en tanto tales, a la vez que frustran su complicidad: insisten en el código, focalizan la atención sobre él para quebrantarlo y cuestionar su sustento ideológico.

A partir de los ochenta esta forma de relación con el policial se vuelve dominante: *La pesquisa* de Juan José Saer (1994) funciona como un claro homenaje al género en tanto alude al cuento de Paul Groussac del mismo nombre (que en su primera versión se llamó «El candado de oro»), considerado el primer policial argentino y publicado en 1884[12]. El propio Saer se inscribe en este proyecto: «[…] volver a los orígenes del género podía ser una solución interesante no para parodiarlos, sino para tomarlos como punto de partida y avanzar a partir de ellos en mi propia dirección»(1994b: 7). La reflexión sobre el género, el debate sobre su posible condición literaria puede rastrearse en textos como «La reina de las nieves», cuento de Elvio Gandolfo que trabaja muy libremente los elementos de la fórmula y ejemplifica esa tensión entre el uso y la diferencia que caracteriza estos relatos. El protagonista lee una «novelita policial» que no le representa ningún desafío, ya que «repetía con esmero escenas y diálogos de veinte novelas anteriores, y había partes que salteaba enteras, con la seguridad de no perder nada» (1982: 51). Más tarde encuentra «un libro delgado, con título corto» –*Los adioses* de Juan Carlos Onetti– y nota que «no podía saltearse una sola línea» (1982: 57). El cuento se

---

[12] Esta es la hipótesis que sostiene María Elena Torre en «En las huellas de Piglia y Saer: el policial entre la historia y el mito» (2003).

constituye entre estas dos alternativas estéticas, pero *con* ambas a la vez. La fórmula se disuelve y se contamina, deja de ser una «novelita policial» para ser un nueva forma, quizá una nueva forma de policial que ha ido deformando y diluyendo los elementos canónicos pero que no deja de remitir y aludir a ellos[13].

Autorreflexión y transformación sostienen *Sombra de la sombra* y *La vida misma* de Taibo, *Manual de perdedores* de Sasturain y conforman una compleja red en los textos de Fonseca[14]. Relatos como «Romance negro» (un verdadero «ajuste de cuentas» con el policial, que explora otra posibilidad del fracaso en el descubrimiento de la verdad desde el interior mismo del género), *O Caso Morel* y *Vastas Emoções e Pensamentos Imperfeitos* trabajan todas las alternativas de seducción y traición de la fórmula. Pero se vinculan a su vez con otros códigos y nos llevan a otras redes de uso de los géneros masivos. *Vastas Emoções...*, en especial, es un compendio de fórmulas populares: policial, novela de aventuras, de amor y misterio, enmarcadas por el cine que parece condensarlas todas. El relato se constituye así por el entrecruzamiento de diferentes códigos; sin embargo, en este encuentro y fusión, el texto se propone como otra cosa y se diferencia de «[...] os milhões de semi-analfabetos [...] consumidores de uma arte cômoda representada pela música pop, pelo cinema e pela televisão...» (1989: 16). Pero también toma distancia de las formas «cultas»:

---

[13] Podrían mencionarse numerosos textos: entre ellos, *Triste, solitario y final* (1973) de Osvaldo Soriano es posiblemente uno de los que inaugura por esos años este vínculo con el policial. *Nick Carter se divierte mientras el lector es asesinado y yo agonizo* (1975), el «folletín» de Mario Levrero, es –desde su título– el caso más delirante y extremo de juego con el código. Para un panorama actualizado del género puede consultarse la última edición de *Asesinos de papel* (1996) de Jorge Lafforgue y Jorge B. Rivera.

[14] La autorreferencia es común a casi todos los textos que trabajan con las fórmulas de la cultura de masas, es una de las formas en que el relato señala su distancia y su diferencia con esa cultura; se volverá sobre este aspecto en los próximos capítulos.

«Veronika controlava a respiração como um daqueles personagens femininos de Bergman discutindo relações conjugais escandinavas com o marido [...]» (1989: 125).

Asimismo, *Manual de perdedores* se propone como un texto autoconsciente hasta el exceso, en una especie de fiesta de alusiones para el lector cómplice y conocedor. Se abre con el cine negro y se cierra con el tango; toda la acción se origina y se resuelve a partir de la semejanza con códigos: «Era como en los westerns spaguetti o en una historieta de acción... » «Esto es Chandler [...] Una escena de *La ventana siniestra* en la isla Maciel. Esto ya lo leí» (1987: 130). Y por su diferencia: «[...] lejano del estudiado repertorio de Bogart» (1985: 47). O «[...] siempre existe la posibilidad de que aparezca alguien en la puerta de la habitación con un revólver en la mano y comience la acción. [...] Pero no apareció nadie» (1987: 55).

Este juego de alusiones se reitera en los otros relatos y constituye casi un tópico de la narrativa policial de fin de siglo: «Vi muitos filmes policiais em minha vida para naõ saber como escapar de uma perseguição» (Fonseca 1989: 79). A su vez, *Sintiendo que el campo de batalla...* de Taibo II tiene dos epígrafes ejemplares de estas estrategias. El primero es de Chandler, una famosa cita –ligeramente modificada– de su artículo «El simple arte de matar»: «toma el asesinato del jarrón veneciano y arrójalo al callejón»; el segundo la continúa: «y procura que el jarrón (con todo y asesinato) le dé en los huevos al que te viene siguiendo». Cita y filiación con el policial duro americano pero también *diferencia*: en este caso, el humor transforma la cita, le da nuevos sentidos, la construye como su «versión mexicana».

De igual modo los títulos de los capítulos en *Manual de perdedores* remiten a novelas, tangos, cine o simplemente señalan la complicidad con el lector de policiales («Capítulo clásico», «Cigarrillos obvios»). La misma función tienen los títulos de famosos relatos que se entrelazan en la sintaxis del relato: «Bienvenido el guerrero de la jungla de cemento» o «...andaban por ahí abajo como un mar de fondo lleno de pulpos o peces grandes»[15]. La cita también une y equipara en su contigüidad a Borges con las formas más comunes del género: el capítulo «El cadáver en el umbral» continúa a «En coche al muere»[16]; es decir, el texto no sólo está conformado por citas, sino que obedece a un modo estratégico de pensar su uso.

Abiertamente el relato se inscribe como copia –quizá versión latinoamericana en el fin del siglo XX– del proyecto de *El Quijote*: «Dice que ya lo ha leído. [...] Piensan en el Quijote, tal vez» (parte I, p. 18). La imitación de la situación quijotesca es clara, el antihéroe que sigue las reglas del género: «¿Se rayó como Don Quijote y creyó que en la realidad podía vivir lo que leyó en los libros? [...] Hasta se eligió un Sancho Panza: un gallego analfa que le crea y le siga [...]» (Sasturain 1985: 141). Sin embargo, la mención del Quijote es más compleja e implica establecer también algunas distinciones: por una parte, *Manual* cita al texto de Cervantes repitiendo los vínculos entre literatura y vida, el juego de realidad y ficción, el fracaso inherente al encuentro entre los dos mundos. Sigue sus enseñanzas al recurrir también a un género popular y de gran auge entre los lectores, sólo que aquí no se trata de la «destrucción» de la forma baja sino de su inclusión y revitalización, aunque se señale en el prólogo que el texto «llegaba tarde a la moda de la policial negra»[17]. La alternativa paródica se vuelve más ambigua y las diferencias las propone el texto mismo

---

[15] *La jungla de asfalto* de W. R. Burnett (1949) y *Mar de fondo* de Patricia Highsmith (1981).

[16] Clara alusión al poema de Borges «El general Quiroga va en coche al muere» de *Luna de enfrente* (1925).

[17] Se trata de una observación tramposa; en los últimos años «la moda del policial» parece más viva que nunca a juzgar por las ediciones, las notas, los trabajos críticos y encuentros como la anual Semana Negra de Gijón, índice del interés de los mismos escritores por la autorreflexión sobre el género.

al sugerir otra lectura del clásico: «Tendrían que leerlo de nuevo» (1985: 18)[18].

El problema –ya planteado por Borges– del género como forma «nacional» diferenciada de su filiación original se discute abiertamente en el capítulo «Novela negra», donde un personaje propone «escribir una novela policial de ambiente porteño [...] una historia verídica, una investigación real como se hace en Buenos Aires...», pero el protagonista rechaza esa alternativa: «Eso no existe» (1985: 77). Sin embargo, el relato que leemos se abre en su primer párrafo con «[...] en Buenos Aires, claro» (1985: 15). Toda la novela exaspera el minucioso rastreo de lugares, bebidas y gestos «nacionales» que traduzcan el ámbito y las costumbres del policial norteamericano[19]. En el mismo sentido pueden leerse en los otros relatos las representaciones de los espacios bien reconocibles, característicos de la novela negra. Esta tensión entre una presunta notación realista y la fuerte codificación del género es cita de la tradición, pero también señala «la diferencia territorial». En las novelas de Taibo y de Fonseca los detectives recorren las ciudades de México y de Rio de Janeiro, caminan por calles conocidas, comen platos «típicos» en restaurantes precisos de modo tal que el lector puede seguir en el mapa al protagonista a través del espacio «nacional». Ilan Stavans considera que el policial mexicano es un precursor del «urbano-centrismo», y es en las novelas de Taibo donde la ciudad «adquiere vida propia» (1997: 128). Stavans no asocia esto tanto

---

[18] Remito a la discusión sobre el aspecto paródico en el capítulo I.

[19] También un cuento de Gandolfo alude y traduce esa tradición. La semejanza –y la diferencia– con Marlowe están siempre presentes: «–¿Cuánto le parece por día? –Treinta dólares y los viáticos. –No estamos en California, Suárez. Le parecen bien doscientos australes: ¿cincuenta por día?». «El inspector Suárez y el caso Benedetti» fue publicado por primera vez en *Diario de poesía* (1987) y reproducido en otras revistas y en foros de internet.

a un proyecto de «traducción nacional» del género como al fuerte vínculo que le atribuye con la generación de la Onda[20].

La discusión acerca de las posibilidades de una versión nacional del canon está estrechamente vinculada a la autorreflexión sobre él, al juego intertextual y a la transformación que sufre en América Latina. Pensar el género y pensar cómo distanciarse de sus orígenes forman parte del mismo movimiento. Los cuentos de Isidro Parodi son el ejemplo paradigmático: el detective preso que toma mate ironiza la fórmula clásica pero, a la vez, discute sobre sus posibilidades autóctonas. Del mismo modo que las bromas de Borges y Bioy sobre el ansia de color local que en «El dios de los toros» –incluido en *Seis problemas para don Isidro Parodi*– obligan al uso de facón y chiripá para sentirse argentino, la sociedad El Coya S.R.L. en *Manual...* no hace más que hacer notar lo «excesivo» en la pretención localista.

La posición de Borges, en este sentido, está en el centro del debate desde los años cincuenta: «lo nacional» nada tiene que ver con el color local:

> «La muerte y la brújula» es una suerte de pesadilla en la que figuran elementos de Buenos Aires deformados por el horror [...] mis amigos me dijeron que al fin habían encontrado en lo que yo escribía el sabor de las afueras de Buenos Aires. Precisamente porque no me había propuesto encontrar ese sabor, porque me había abandonado al sueño... (1974: 270-271)

Desde entonces hay un constante trabajo del género para «traducir» y convertir a América Latina en el escenario del relato policial. No

---

[20] Difiero aquí con Stavans, que ve a Taibo como un producto directo de esta generación. Pienso los vínculos en términos de redes establecidas entre textos más que en relaciones causales. Retomo el problema de espacio, literatura de masas y generación de la Onda en el apartado «Ciudades desiertas: pop y desencanto» del capítulo IV.

se trata ya de color local, sino de una notación que cita y transforma un espacio, una cultura, un código.

Por otra parte, en el capítulo que continúa a «Novela negra» de *Manual* se pasa revista a la filiación del texto: «Más Hammett que Goodis, un poquito de Chase. ¿Usted leyó las cosas más recientes, Etchenique? [...] Los argentinos: Tizziani, Sinay, Martini, Urbanyi, Feinmann, Soriano sobre todo... Algunos cuentos de Piglia también» (1985: 77). El movimiento de inclusión de los autores argentinos a continuación de los clásicos norteamericanos implica retomar la herencia y considerar la posibilidad de un policial latinoamericano «reciente» –¿o acaso diferente?– en el mismo nivel que el extranjero.

La respuesta del detective, «Yo hace rato que no leo [...] Yo vivo las policiales» (1985: 77), subraya, enfatiza el «hacerse realidad» del género en la Argentina. Etchenique al mismo tiempo que se propone como «realidad» es «pura literatura», según le señalan continuamente los otros personajes. Etchenique *es* el género: cita y transformación, su resultado «nacional».

En estas «versiones latinoamericanas» se plantea el debate sobre las posibilidades mismas del género entre nosotros, por eso los textos se vuelven un juego de alusiones y de diferencias con respecto al canon. Todos juegan con el placer y el conocimiento que el lector tiene de la fórmula, para «decepcionarlo» después con crímenes de los que son responsables las autoridades, verdades imposibles de revelar y justicias que nunca se cumplirán. En todos, la torsión de la fórmula implica una transformación ideológica de las premisas que sustentan el relato clásico inglés. Así lo cree el detective de *Agosto* (que será asesinado al final del relato, en lo que representa la máxima traición a la norma): «A lógica era, para ele, una aliada do policial [...] havia uma lógica adequada à la criminologia, que nada tenha a ver, porém, com premissas e deduções silogísticas à la Conan Doyle» (Fonseca 1990: 109).

A esta cita de *Agosto* le corresponde otra en *Sombra de la sombra*: el detective chino (en realidad mexicano, aunque transforme la r en l, en una cómica cita a una extensa tradición del policial norteamericano), señala:

–[...] puedo sugeliles que lean a un esclitol inglés que se apellida Conan Doyle.
–¿Está traducido?
–No ... tiene un detective que siempre anda con un médico.
–Será que lo necesita. Como nosotros.
–No, lo siento, nada de ingleses todavía. [...] (1986: 137)

Aquí se encuentran condensados los problemas de la traducción, de la cita, de la semejanza y de la diferencia con sus «modelos», es decir, de la constitución de un relato policial latinoamericano: citar, traducir y transformar parece definir el trabajo de estos relatos; se cita, pero es necesario hacer una «traducción nacional» de las convenciones[21]. Por eso, asimilar la necesidad del médico en Doyle y en este relato no hace más que acentuar la diferencia: la función del médico para Holmes es muy distinta que para los cuatro detectives mexicanos, siempre en peligro y a punto de ser baleados. Tampoco el rigor lógico es el mismo, la casualidad y la suerte reemplazan a la racionalidad; detectives que no lo parecen, que no «se ven» en ese papel e historias sorprendentes que requieren «otros métodos» para ser resueltas dan cuenta de una diferencia establecida por el texto mismo de modo muy consciente.

❦

---

[21] Podrían mencionarse aquí gran cantidad de textos; de modo casi arbitrario elijo *De tacones y gabardina* de Rafael Ramírez Heredia: una colección de cuentos que desde el mismo título apela a un imaginario del género. El último cuento, «Entre Bogart y los tordos», es un ejercicio nostálgico del cruce entre cine y literatura ambientado en México.

Posiblemente el cuento de Rubem Fonseca «Romance negro» sea el momento culminante de este proceso de autoconciencia y autorreflexión del policial: relato cuyo «tema» es el género mismo y las posibilidades que da la exploración de sus límites, despliega y resume perspectivas teóricas, polémicas y debates sobre él. En el marco de un «Festival de novela y film negros», un autor de novelas policiales propone un desafío[22]: descubrir un crimen perfecto, el que él mismo cometió. Múltiples secretos van develando el «caso límite» del género en el que el autor y protagonista es un impostor y asesino del verdadero escritor. Juego de dobles y de identidades, es también variación sobre el relato edípico que está en el origen del género. La constante presencia de los tópicos canónicos (crimen, secretos, enigmas, investigación) no llevan a ninguna resolución; por el contrario, los indicios se diluyen en la ambigüedad: «Numa história policial […] sabemos da ocorrência do crime, conhecemos a vítima, mas não sabemos quem é o criminoso. Neste crime perfeito todos saberão logo quem é o criminoso e terão que descobrir qual é o crime e quem é a vítima. Eu apenas mudei um dos dados do teorema» (1992: 152). En realidad, ha cambiado mucho más. El relato mina y destruye todos los núcleos que sostienen las clásicas certezas; mientras la trama introduce sospechas sobre la existencia de un crimen que resulta improbable para la mayoría de los personajes, el narrador –la autoridad del texto– parece aceptar el relato del presunto asesino. El lector se mueve entre indicios contradictorios: trama, personajes y narrador proporcionan pistas opuestas. El sistema ha llevado a las últimas consecuencias las variables del género y la resolución del caso se vuelve imposible: imposible saber la verdad y resolver crímenes

---

[22] También el protagonista de *Avenida Atlántica* (1992), del brasileño Flávio Moreira Da Costa, es un novelista, en este caso norteamericano, llamado Jack Goodis en clara alusión al «escritor maldito de la novela negra», Davis Goodis. Otro texto que se incluye desde el comienzo en una tradición: es homenaje, cita y –claro– diferencia.

que quizá no se cometieron. Por lo tanto, la ley no puede intervenir, ni siquiera puede fracasar en su búsqueda de la justicia. El cuento representa el punto más alto de autorreflexión sobre el canon y a la vez su máxima disolución en tanto la tríada crimen, verdad y justicia que sostiene el género pierde sentido. Rubem Fonseca explora aquí una de las alternativas de transformación extrema del canon, la otra será en *Agosto*; ambas indagan los límites de una forma. Entre la autoconciencia y la politización el policial adquiere con él nuevas posibilidades.

☙

De la misma manera en que *Vastas emoções* de Fonseca puede leerse como un proyecto de fusión de múltiples géneros masivos, *Manual de Perdedores* desde su modo de aparición en el mercado –como folletín en un periódico– es un compendio de formas estrechamente vinculadas a los medios. Publicado por «entregas», cada una de ellas se acompaña de ilustraciones que se han mantenido en la edición del libro[23]. Estas ilustraciones remedan la función que tuvieron originariamente (y que también puede encontrarse en los libros para niños): amenizar la lectura «cortando» la monotonía de las páginas escritas, proveer de una ayuda al imaginario del lector y reforzar los clisés del género. Pero, a la vez, en *Manual...* destacan su vínculo con las formas populares, su condición de folletín; el texto hace alarde de esta pertenencia ya aludida desde el comienzo. Hay que recordar que la novela se abre con «Podría comenzar este relato [...] Otra manera de empezar sería una prestigiosa tarde de otoño en

---

[23] Sólo la cuarta parte y el final de *Manual de perdedores II* se agregaron a la edición en libro. Las ilustraciones de Hernán Haedo acompañaron el texto en su publicación original en el diario *La Voz* de Buenos Aires, entre enero y mayo de 1983. Hay una edición posterior, de 1988 y con muy pequeñas modificaciones, que reúne ambas partes en un solo tomo (Barcelona: Ediciones B).

Parque Lezama» (1985: 11). Pero el narrador no lo hace así, se aleja y se va a escuchar a uno de los protagonistas, Tony García, que «tenía un bien infinito: era dueño de una historia» (11). Quedan claramente definidas desde el comienzo las preferencias del relato, que dejará de lado la «literatura prestigiosa» –Sábato y su *Sobre héroes y_tumbas*, cuya primera escena transcurre en Parque Lezama– y se volverá un juego de complicidades con otras tradiciones culturales[24]. En este sentido, el policial de Sasturain repite el gesto de Borges: dejar de lado la literatura oficial e introducir otras formas no canonizadas.

En el libro se incluyen además historietas con una función más compleja que las ilustraciones. No son sólo un índice vuelto hacia una de las formas masivas más populares de la cultura de masas. Los fragmentos de historieta usados dialogan con el texto, lo comentan, son pistas, guías de lectura que van señalando el mismo proceso que sigue el relato –y el género–. En efecto, toda una secuencia de Peanuts atraviesa *Manual I* y funciona como sistema autorreferencial, discute la construcción de una novela, los clisés del relato policial y de suspenso y también los cambios sorprendentes en el código esperado por el lector. Es decir, autorreflexión, cita del género y torsión inesperada del mismo: la historieta reitera el sistema del relato.

En *Manual II*, los fragmentos (que no constituyen secuencia) son, con excepción de uno que pertenece a Hugo Pratt, de Héctor Oesterheld, el guionista argentino desaparecido en la última dictadura militar. La historieta se politiza, imagen y texto acompañan y subrayan esa politización del relato: se dibujan cascos nazis y monstruos. En el último cuadro que abre el capítulo «Final», el protagonista mira al lector y le pregunta «¿Está el pasado tan muerto como creemos?»[25]

---

[24] La misma distancia hacia la «alta cultura» señala Jim Collins (1989) en los relatos de Chandler: el detective Marlowe en *El sueño eterno* ante una mención de Proust pregunta «¿Quién es?».

[25] Este fragmento de historieta corresponde a *Mort Cinder* de Oesterheld, con dibujos de Alberto Breccia.

(1987: 241) en un juego de remisiones múltiples entre texto, historieta e Historia.

Otro fragmento, de *Randall* de Oesterheld con dibujos de Arturo del Castillo, introduce el tema de la narración popular y la acumulación de códigos en el relato (el personaje propone charlar sobre piratas, pieles rojas y tesoros escondidos) y a la vez abre el prólogo a la segunda parte. Éste fusiona al mismo nivel palabras del autor, opiniones de escritores conocidos, reflexiones sobre los defectos de la primera parte y «sugerencias de un personaje»: la Loba (protagonista femenina cuya importancia se devela mucho más tarde para el lector) aparece corrigiendo la historia y permite así continuar con el relato que se revitaliza con sus «testimonios frescos». Esta figura, sobre la que volveré, influye en el autor y no le deja «poner punto final» a su novela: ella impide el olvido y establece en el cierre del texto un fuerte vínculo ideológico con la historieta *Mort Cinder* ya mencionada.

Este mecanismo tan conocido en el que Ricardo Piglia y la Loba poseen el mismo estatuto, donde el texto ficcionaliza «lo real» y al mismo tiempo se refiere a la Historia a través de la ficción y la historieta, es también una cita literaria y se vincula a la exasperada autoconciencia que proclama el relato. En efecto, en el prólogo mismo se discute su excesivo apego al género y proliferan a partir de entonces menciones, título y frases que imitan el estilo de Chandler y otros policiales: es decir, un constante juego con la convención del código, la cita, el guiño que espera el lector cómplice. Pero esta exagerada exposición autorreferencial cubre una diferencia que figuras como la Loba y los cuadros de las historietas de Oesterheld llevan a primer plano. Esa diferencia es lo que transforma el texto en algo más y es lo que quiebra la expectativa sobre el código.

Esa distancia, ese «hueco» entre los textos citados, usados, y *Manual, Sombra…* o *Agosto* está ocupado por lo político. El exasperado uso del juego intertextual y la alusión al código parece encubrir y disimular este «desvío»; sin embargo, desde el comienzo el texto también puede leerse como una cita política. Basta pensar en los personajes femeninos de *Manual* –sobre los que volveré– como ejemplares en este sentido: todos ellos son citas de personajes de novela, del tango (la viejecita, la «mina leal»), del género, y al mismo tiempo condensan uno de los puntos de mayor politización del relato.

Instrucciones para la derrota

El juego de citas, el placer de reconocer el clisé, gozar de él como consumidor del género y a la vez mantener la «ironía distanciada» del lector sin inocencia, recubre –apenas– la torsión fundamental que proponen estos policiales con respecto a las formas canónicas. Todos han llevado al límite sus posibilidades implícitas: las transformaciones que pueden verse como juego literario, que exploran el camino abierto por Borges, dan un giro impensable a una fórmula «consoladora y de evasión» y la convierten en un género político[26]. En todos los casos, se transforma en puntos claves: el detective, la investigación, sus resultados, el cumplimiento de la justicia o el descubrimiento de la verdad. Sin embargo, es el *crimen* el término esencial, el que produce la torsión política del código. Este es el elemento constructivo del policial, su naturaleza define ante todo el tipo de relato, en torno a él se organizan y estructuran las variaciones del canon. Jerry Palmer (1991) señala que el crimen en las modernas sociedades es siempre un desafío a la legitimidad de un orden social y moral supuestamente universal. El crimen representa entonces la violación de una frontera

---

[26] Transformaciones que llegan hasta la última generación de narradores: el policial de Pablo De Santis, *Filosofía y Letras*, se propone como un homenaje, como un juego de citas superpuestas. Lee a Borges y a las lecturas que se han hecho de él en *El nombre de la rosa* de Umberto Eco, en las ficciones y en la crítica de Ricardo Piglia. En el filo del milenio, el relato puede considerarse como un «resumen y ajuste» de las alternativas abiertas y exploradas a partir del maestro.

de la sociedad; su investigación siempre es un intento de reforzar los límites morales y castigar al que ha transgredido los márgenes de lo permitido. De este modo, el género en su forma canónica no sólo construye una tranquilizadora respuesta en la que el orden siempre triunfa, sino que propone un tipo de violencia y de criminalidad acotada, dominable y explicable. El relato latinoamericano quiebra este pacto, destruye la armonía entre sociedad/justicia/ley al representar el crimen como producto de las instituciones políticas y sociales. No sólo se quiebra el orden, sino que no hay espacio legal ni legitimidad a la que recurrir.

La relación entre crimen, verdad y justicia resulta entonces más conflictiva: desde el policial inglés, con sus asesinatos privados y sus seguras resoluciones, ha pasado a crímenes cada vez más politizados cuya solución se vuelve problemática. El vínculo se ha complejizado por la proliferación y ambigüedad de los delitos que siguen diversas líneas, entrelazando y confundiendo crímenes privados y públicos. Crímenes privados mezclados con otros políticos, criminales amparados por las instituciones, instituciones que son en sí mismas criminales: *Manual de perdedores*, *Agosto*, *Sombra de la sombra* recorren todas las posibilidades y sitúan la acción en coyunturas particularmente precisas, la última dictadura militar argentina, el fin del gobierno de Getúlio Vargas, la Revolución mexicana.

Esta es una de las principales marcas que diferencian los textos: las coyunturas en las que transcurren las historias de los policiales clásicos poca o ninguna importancia tienen para la trama. El relato duro americano está vinculado a ciertas condiciones sociales, pero tampoco le resulta necesaria la precisión histórica. Por el contrario, los textos que me ocupan están íntimamente vinculados con determinados momentos históricos; los crímenes, la investigación, la posibilidad de acceso a la verdad o el cumplimiento de la justicia son un resultado de ciertas circunstancias políticas. También en este sentido son herederos del uso del género que hace Walsh en sus relatos de no-ficción. Las tres novelas leen el trabajo de entramado entre periodismo y policial hecho por Walsh en *Operación Masacre, Caso Satanovsky* y *¿Quién mató a Rosendo?* y establecen una de las formas básicas del género en los últimos treinta años. Cierran así la tradición de un siglo con una respuesta a los problemas de «traducción» del código importado: *en América Latina la versión del género se vuelve política*[27].

En este sentido, *Manual de perdedores*, a pesar de señalar que «los años están entreverados a propósito» (1987: 12), sitúa claramente el relato y la posición del héroe desde el comienzo «[…]una ráfaga que pasó por los diarios a mediados del setenta […] después la oscuridad, el olvido junto a sátiros de poca monta o *las andanzas de los Falcon color mar turbio*»[28] (1985: 12; énfasis mío). El texto deja bien establecida la coyuntura en la que se desarrolla la historia (aunque los años

---

[27] Los relatos señalan su filiación: tanto en los de Sasturain como en los de Taibo el homenaje a Walsh es continuo y expreso. La trama de *Manual…* se entreteje con citas y alusiones a Walsh, hasta incluir el basural de *Operación Masacre* –escena ya mencionada en mi trabajo *El relato de los hechos*– como escenario de la historia (1985: 228). En una novela posterior, *Los sentidos del agua*, Walsh, su narrativa y su actividad política vuelven a incluirse y fijan la coyuntura, la posición del personaje, el modo de leer el policial: «¿Ha leído a Rodolfo Walsh? […] ¿Usted lo conoció? Un poco. Precisamente con él aprendí algo de criptografía en La Habana en los años sesenta y de ahí me ha quedado el reflejo, la tendencia a buscar claves en cualquier mensaje» (1992: 92). A su vez, Taibo II subraya la herencia en varias de sus novelas: la investigadora-periodista-narradora de *Sintiendo que el campo de batalla…* recuerda: «mi generación de estudiantes de periodismo, el club de soñadores apaches de Tom Wolfe y Rodolfo Walsh» (1994: 59). En *Algunas nubes* el autor de policiales Paco Ignacio tiene «al alcance de su mano, todo Mailer, Walrauff, Dos Passos, John Reed, Carleton Beals, Rodolfo Walsh…», la mayoría autores de no-ficción y testimonio (1995: 74). Y en *La vida misma* el autor de policiales y jefe de policía del «primer ayuntamiento rojo» de México, pide que le envíen «los tres libros de Rodolfo Walsh, que tenía encima de la mesa» (1987: 72), en una clara alusión a sus tres relatos testimoniales/policiales.

[28] Los temibles Falcon verde de la dictadura militar dedicados a «andanzas turbias»: la hipálage indica –desde el comienzo– la politización del relato, que se hará mucho más notoria en la segunda parte.

11. El crimen a veces paga

Se sentó con su librito de Ludeck Pachman a reconstruir partidas del Torneo Candidatura de Manila '67.

Ilustración de Hernán Haedo para *Manual de perdedores* 1 (1985). Buenos Aires: Legasa, 150.

hayan sido «entreverados»), a la vez que insinúa la posibilidad de que el protagonista sea un desaparecido[29].

Si la Historia se entrecruza como pesadilla en *Manual*, *Agosto* la define del mismo modo en su epígrafe de Joyce, donde la literatura habla de la historia como «la pesadilla de la que estoy tratando de despertar». Y es también para uno de los personajes, la hija de Getúlio Vargas, «...uma estúpida sucessão de acontecimentos aleatórios, um enredo inepto e incompreensível de falsidades, inferências fictícias, ilusões, povoado de fantasmas» (Fonseca 1990: 304). La frase también es válida para el relato; otra vez el policial está atravesado por acontecimientos históricos y los asesinatos tienen móviles confusos. Dinero, política, poder, se entremezclan: *Agosto* es un entramado de crímenes privados y políticos claramente situados en los días previos al suicidio de Getúlio Vargas, en agosto de 1954. La novela ha usado la Historia para una ficción muy cercana en su estructura al relato periodístico. Y en este sentido, expone e invierte la herencia de Walsh: se trata de un relato policial que recurre a la Historia y al periodismo para constituirse.

Sombra de la sombra se inscribe en la misma tradición pero con diferentes estrategias[30]. Enmarcada por dos fragmentos, «Nota» y «Después de la novela», la ficción queda así encerrada por lo periodístico e histórico: la información documental y la coyuntura revolucionaria. En realidad, aquí son dos las coyunturas que se entrelazan: el lamentable presente se origina y se explica en ese pasado en el que transcurre la historia. El texto bordea así el camino entre géne-

---

[29] El relato queda así bien enmarcado: transcurre durante la dictadura militar y se narra al final de ella y en los primeros años de democracia. La clara mención de las fechas en que fueron publicadas las dos partes explica su condición de balance de los hechos –y del género– durante esos años.

[30] Como se ha comentado, el homenaje y la alusión a Walsh es una constante explícita en muchos de las novelas de Taibo II; el marco periodístico dado a esta novela parece un homenaje en lo formal a quien fusionó ambos géneros.

ros: la nota final, «Después de la novela», cierra el desenlace desde «otro espacio» ya no ficcional, firmado y fechado por el autor que evalúa de algún modo los hechos. El relato transcurre en el período inmediatamente posterior a la Revolución –abril de 1922– y en ese sentido narra el momento en que se conforman personajes como Artemio Cruz –*La muerte de Artemio Cruz* (1962) de Carlos Fuentes– o empiezan a triunfar licenciados como el protagonista de *Los de abajo* (1916) de Mariano Azuela[31]. Aquel pasado ha dado lugar a este presente –entre 1982 y 1985– en que «El hampa abandonó su marginalidad, coexistió con la ley, abandonó su exotismo y finalmente se institucionalizó como parte de la misma policía» (1986: 248). En este sentido, los textos no sólo se ligan a coyunturas históricas muy puntuales, sino que son una toma de posición frente a ellas[32]. En *Manual*, por ejemplo, el cruce en la trama policial con el grupo guerrillero fija una historización nítida para el texto. Pero, al mismo tiempo, el detective se diferencia y distancia de ellos; no los traiciona, incluso los protege, pero señala también que están en «una clase de lucha diferente».

---

[31] «La Revolución se perdió [...] cuando los generales grandes y chicos vieron que era mejor casarse con las hijas de los porfirianos [...] Licenciados ... Son amables, un poco eruditos, sin exagerar y todos tienen sus pequeñas historias revolucionarias para contar si hace falta. Siempre podrán decir que fueron secretarios de aquel general» (1986: 110). El texto también propone un balance del relato de la revolución *en* la narrativa mexicana y se incluye en esa tradición.

[32] Hay que mencionar aquí los textos del cubano Leonardo Padura Fuentes, *Pasado Perfecto* y *Vientos de cuaresma*. Más «pegados» a la tradición dura americana, el contacto con los latinoamericanos contemporáneos se filtra, sin embargo, en una elusiva pero presente marca de la coyuntura. Invierno y primavera de 1989 datan las dos historias y aluden a un caso de corrupción que involucró a funcionarios cubanos. Con otros índices –como la dedicatoria a Taibo II o el sistemático sentimiento de fracaso del detective Conde, quien piensa que no hay más remedio que acostumbrarse a él–, los relatos participan del grupo que estoy considerando.

Manual de perdedores desde el título mismo señala su diferencia esencial con la forma canónica: «Habría que escribir un libro útil, al alcance de todos, de instrucciones para la derrota […] Porque hoy, ¿a quién le vas a enseñar a ganar?» señala el detective y el narrador aclara: «Y ya no hablaba de ajedrez […] Hablaba de todo y algo más…» (1985: 151). El fragmento juega con el código policial –siempre vinculado con el ajedrez, un lugar común del género– y con la coyuntura en la que transcurre el relato (la última dictadura militar argentina). No poder «enseñar» ajedrez es no dominar las reglas del juego –y del género– o tener que aceptar otras para soportar la derrota; por eso los detectives de los tres textos «juegan otros juegos» que no son los del canon.

En *Sombra de la sombra* lo hacen literalmente porque juegan dominó, definido como «el gran deporte nacional» (1986: 249). El dominó escande el relato que se abre y cierra con capítulos titulados «Los personajes juegan dominó» y reiterados en «Los personajes juegan dominó y se definen como mexicanos de tercera», «Los personajes juegan dominó sobre un piano», etcétera. El juego y la acción de la novela corren paralelos en una asociación que alude y se distancia a la vez del policial canónico. A diferencia del ajedrez, puro juego racional, el dominó está «contaminado» por lo político: guerra, anarquía y narración se cruzan en la mesa de juego. De hecho, todo el capítulo 19 entrelaza dominó, acción e historia:

> Cada vez las partidas se hacen más difíciles, cada vez la trama extraña que los cerca […] bloquea la concentración. El dominó nació para jugarse platicando. Una plática…imprecisa. Se habla pero no se dice, para no violar la regla del silencio; se engaña un poco, se bromea mucho, se juguetea con las palabras […] no puede ser buena una partida en la que danzan sobre las fichas de hueso tres asesinatos… (1986: 78)

Jugar, hablar, no decir, bromear, valen tanto para el juego como para la trama policial. El dominó, un juego *nacional*, tiene otras reglas, poco lógicas y menos deductivas, como son los mismos detectives tan lejanos del seguro dominio racional de un Hércules Poirot.

La lógica matemática del ajedrez, el ejercicio de la capacidad deductiva que implica, siempre se han asociado al policial, en especial al relato de enigma. El detective –como el ajedrecista– domina el juego, *sabe* cómo mover las piezas, puede preveer los movimientos del enemigo y ganarle[33]. Los detectives de estos relatos, por el contrario, no saben cómo enfrentar las nuevas «reglas de juego». Su falta de saber, de dominio sobre la situación, les escamotea el espacio característico del investigador clásico que, en cualquiera de las variantes de la fórmula, es el que sabe. Como tal, detenta el *poder*, es la figura de la legalidad[34]. Aún en los relatos duros con personajes «perdedores», el Marlowe de Chandler sigue siendo un triunfador que llega a la verdad y logra algún tipo de justicia. Lejos de esto, los «héroes» en estas novelas se encuentran en un lugar ambiguo como detectives, no lo son o juegan a serlo, como los protagonistas de *Sombra...*, cuatro aficionados envueltos en una trama que no comprenden –«Si esto sigue así vamos a saber todo, menos qué es lo que está pasando» (1986: 199)–. Una serie de capítulos –«Trabajos que

---

[33] Walter Benjamin en su célebre artículo «El flâneur», publicado en *Iluminaciones/2*, relaciona la figura del detective clásico con la del flâneur. Entre la multitud, ambos poseen cualidades semejantes, ambos adquieren cierta «invisibilidad» que les permite observar sin ser vistos. El detective, ubicado en el centro de un panóptico social, ve y hace visible lo que se oculta. Su ojo es un complemento del ojo del poder; sin embargo, a diferencia del flâneur, posee el control, tiene el poder de resolver todos los misterios de la ciudad. Véase también Brand 1990.

[34] Las reflexiones de Foucault sobre el vínculo entre saber y poder son iluminadoras para el análisis de esta transformación de las reglas en el policial. Ley, saber y poder se reúnen en el detective clásico y se atomizan en los relatos que me ocupan: «Estamos sometidos a la producción de la verdad desde el poder y no podemos ejercitar el poder más que a través de la producción de verdad [...] somos juzgados, condenados, clasificados [...] en función de discursos verdaderos que conllevan efectos específicos de poder» (1979: 140).

Sentía que a su alrededor había más armas que gente, una extraña densidad de violencia potencial.

Ilustración de Hernán Haedo para *Manual de perdedores* 2 (1987). Buenos Aires: Legasa, 75.

dan de comer»– revisa su pintoresca gama de empleos, porque ya no se trata de profesionales sino de un grupo de «sobrevivientes» casi marginales que se enfrentan al sistema en que se está convirtiendo la Revolución.

En el caso de *Agosto* –aparentemente el más cercano al canon del relato negro– el detective/comisario fracasa en la investigación, deja la policía y es asesinado por el asesino que está buscando desde el principio del relato[35]. Su muerte duplica el suicidio de Getúlio Vargas: ambos ocurren con horas de diferencia y ambos se preparan desde el comienzo; están vinculados entre sí y en los dos casos el nudo entre verdad, justicia y crimen quedará irresuelto. El detective no puede resolver nada y ni siquiera sabe al morir la identidad de su asesino y la causa de su muerte. A la inversa que en el policial clásico sabe *menos* que los lectores y se encuentra reducido a la impotencia. Las redes que tejen la trama y los crímenes le son ajenas: no *sabe* y no *puede* ejercer ningún poder. En esa red de historias que es *Agosto*, los destinos paralelos del comisario Mattos y de Getúlio Vargas equiparan a ambos personajes y los asimilan a la condición de víctimas. Vargas se suicida aunque «[n]os sabemos que Getúlio é inocente do crime do major Vaz. Todo mundo sabe disso…» (1990: 214). Y Mattos cae asesinado aunque es la única figura con dimensión ética en el relato: poder y ley están para él vinculados en una relación de necesidad. Por eso, en un sistema político que se disgrega, es un antihéroe aislado y derrotado: «ele mesmo não sabia qual era o seu mundo; se sentia um estranho no mundo nebuloso dele e no mundo dos outros também» (1990: 313). Su inadecuación, su ruptura con el sistema –deja la policía, entrega las armas y no tendrá así con qué defenderse de su asesino–, es paralela al catastrófico desenlace de la

---

[35] *Agosto* también cita «La muerte y la brújula» de Jorge Luis Borges; en ambos casos se dibuja la misma figura persecutoria entre detective y asesino que termina con la muerte del primero.

historia de ese período; su muerte se pierde, insignificante, en medio del caos político que sigue al suicidio de Vargas.

Este cambio en la función y el lugar del protagonista es esencial: se ha desplazado del espacio central del que sabe, tiene el poder y la ley a su favor. Desde su nueva marginalidad, los detectives ya no desafían al lector con su ingenio, no juegan el juego de la inteligencia. Los textos establecen una nueva complicidad con los lectores –al menos con algunos de ellos– y por eso se vuelven «manuales para perdedores» (y el título vale para muchos relatos, en especial los tres considerados). Son libros de «instrucciones para la derrota», como propone el detective Echenique, que no hace más que seguir el consejo de uno de los protagonistas de *Respiración artificial* de Ricardo Piglia[36]. De este modo, queda definida una filiación pero también una función –política– de estos textos: los relatos policiales de fin de siglo, como *Respiración...*, se hacen cargo de contar otras historias y otra Historia. Ya no proponen un espacio tranquilizador para el lector, dibujan en todo caso otras formas del consuelo.

Toda narración tiene que ver con la *ley*, de algún modo presupone siempre la existencia de un orden legal en relación con el cual actúan los sujetos. El policial tematiza estas conexiones entre relato y ley, las convierte en su objeto, puesto que cada variante de la combinatoria canónica supone una reflexión o una interpretación que se resuelve en el vínculo entre justicia y legalidad[37]. Si para muchos críticos la novela policial narra la transformación del crimen en su castigo, el policial latinoamericano al cuestionar esta lógica destruye la ley del

---

[36] «Hay que hacer la historia de las derrotas», escribe Marcelo Maggi (Piglia 1980: 18); esas palabras de un personaje que será un desaparecido se cargan de un sentido político que recoge el detective Echenique.

[37] Claude Amey (1988) llama la atención sobre el vínculo entre la novela policial y el «texto jurídico», es decir, la filosofía del derecho, y considera que el policial traduce en el plano ficcional la norma jurídica que resuelve el posible crimen en su castigo.

género a la vez que socava la fe en el sistema jurídico. La resolución del crimen –gracias al triunfo del héroe– en el policial canónico reafirma la confianza en la ley y representa la tranquilizadora posibilidad de su restablecimiento[38]. Por esa razón, el sistemático fracaso de los detectives en estas novelas introduce una inquietante inseguridad que remite a la información periodística cotidiana. Quizá por eso los tres mantienen vínculos estrechos con el género periodístico, reforzando –otra vez– su relación con los textos testimoniales/policiales de Rodolfo Walsh. En *Manual de Perdedores*, la resolución parcial del caso implica ocultamientos y negociaciones, juegos sucios en los que está involucrada la policía. En la segunda parte, en especial, el intercambio incluye «papeles» y cuerpos: «Son solamente papeles. Siempre son papeles que cambian de mano y nada más; y Vicente, claro» (Sasturain 1987: 185). La frase pertenece a Cora, un personaje que desaparecerá en el mismo capítulo y será también objeto de negociación: su libreta de direcciones por su improbable aparición con vida.

Desde «La carta robada» de Edgar A. Poe el policial siempre ha sido un relato en el que se intercambian secretos y saberes: los papeles son objetos que se ocultan, se buscan y se negocian. «Emma Zunz» de Borges y «Esa mujer» de Walsh introducen los cuerpos en este sistema de canje: cuerpos y papeles cuyo valor es estrictamente el de cambio. En el cuento de Borges, cuerpos, dinero, cartas y secretos organizan la trama; la venganza y la impunidad de la protagonista dependen de este intercambio. «Esa mujer» politiza el canje: la negociación frustrada entre dos hombres –el periodista/detective y el militar responsable– en torno al cuerpo muerto y sustraído de Eva Perón anticipa el fracaso del detective Echenique en su búsqueda de

---

[38] Sostiene Leonardo Acosta que «el lector sabe que eso no puede pasarle a él […] reafirma la seguridad del lector y el carácter de evasión del género» (1986: 36).

Cora y lo imposible de un trato que implica ya a los responsables del terrorismo de Estado[39].

En *Sombra de la sombra* el caso se resuelve, pero jamás saldrá a la luz la verdad y el culpable no será castigado; el «acuerdo» con los representantes del gobierno tiene lugar en las oficinas del periódico y en ella se juega la vida de algunos de los protagonistas: «–Quiero el documento y su silencio. –¿En nombre de quién hace la petición, mayor? –Del Gobierno de la República, señor periodista […] Cambio [a sus amigos] por el Plan y los documentos…» (1986: 241-242).

A su vez, *Agosto* expone el fracaso máximo de la ecuación crimen-verdad-justicia; el conflicto entre los términos es tal que cuando el protagonista resuelve uno de los casos la verdad implica una decisión injusta, casi un crimen: «Quem matou aquele sujeito fui eu mesmo» (Fonseca 1990: 305). El texto se cierra con un epílogo que borra toda huella de los hechos: «A cidade teve um dia calmo. O movimento do comércio foi considerado muito bom […] Foi um dia ameno, de sol. A noite a temperatura caiu um pouco. […] Ventos de sul a leste, moderados» (Fonseca 1990: 349). Un tono periodístico, informativo, resume las «noticias» del día, disuelve los crímenes políticos, oculta la verdad y, por supuesto, anula toda alternativa de justicia.

El saber sobre «lo que ocurrió» y «quién lo hizo» resulta así siempre confuso y parcial. La *verdad* en estos relatos se obtiene por fragmentos, nunca «se completa» ni se aclaran todos los puntos oscuros; por eso un capítulo de *Manual* puede llamarse «Un cachito de verdad» (1985: 129). El quiebre de las certezas del relato policial alcanza al desarrollo de la historia, pero también a las posibilidades del lector de resolver el caso; su desconcierto e inseguridad acompañan a los del

---

[39] «Esa mujer», uno de los cuentos más extraordinarios de la literatura argentina, escrito en 1965, lee desde la ficción la historia. Esa lectura se vuelve premonitoria de un futuro que el cuerpo sustraído parece anunciar y que corresponde al presente de *Manual de perdedores*. Anuncia la época más oscura de nuestra historia y abre un abanico de posibilidades para la narrativa política.

detective. Es un mundo en que ya no hay límites precisos entre «los buenos y los malos» y los segundos ocupan el lugar legal y político de los primeros. La verdad es el producto final de una negociación, es el resto de una suma de pérdidas y derrotas. Se ha complicado la linealidad del relato policial clásico; los crímenes y los culpables se confunden porque son varias las historias que se entrecruzan y de ellas salen algunas verdades y muy poca justicia. Por eso la agenda del detective de *Manual...* «parecía el plan de una novela de múltiple personajes que se entrecruzaron caprichosamente [...] sentía que todo era solamente un simulacro» (1987: 184). En la confusión al protagonista se le escapan hilos de la trama, es incapaz de controlar los casos, éstos se resuelven parcialmente gracias a otros o quedan sin solución (como en el caso de la muchacha desaparecida). Etchenique sólo va cubriendo los agujeros de la historia: «Etchenique vio [...] la dimensión de su estupidez, el grado de la impotencia que lo había llevado hasta ahí» (1987: 218). Por eso también fracasa en su proyecto de que «no se mezclen las historias»; precisamente, el capítulo en que el narrador se propone mantenerlas separadas cierra con la escena

Mort Cinder, historieta de Breccia y Oesterheld, reproducida en *Manual de perdedores* 2 (1987). Buenos Aires: Legasa, 241.

en los basurales de José León Suárez: una cita-homenaje a *Operación Masacre* de Rodolfo Walsh, autor que «mezcla historias» o, mejor dicho, mezcla géneros y politiza el policial. Es que nada queda fuera de la Historia, todo se entrecruza y confunde, nada puede escapar al horror de esa Historia política.

El crimen público y el privado crean en *Agosto* una trama en la que se tejen los asesinatos políticos, los proyectos de golpes de estado, los crímenes por encargo o por venganza y que culmina con el suicidio del presidente (que en el contexto del relato resulta casi un asesinato). En esa maraña nada puede resolver el protagonista y poco descubre; los hilos de la historia –y de la Historia– le son ajenos. Quizá sea el detective de esta novela la figura que mejor representa la pérdida del poder y su distancia del héroe clásico: la figura de Mattos es la antítesis del canon. La primera imagen que tiene el lector es la de un hombre enfermo: «Ao amanhecer daquele dia 1º. de agosto de 1954 o comissário de polícia Alberto Mattos, cansado e com dor de estômago, colocou dois comprimidos de antiácido na boca» (Fonseca 1990:10). Su vulnerabilidad física es una constante a lo largo de todo el relato y es índice de su impotencia: «Mattos tirou um Pepsamar do bolso, enfiou na boca, mastigou, misturou com saliva e engoliu. Ele cumprira a lei. Tornara o mundo melhor?» (1990: 36). Enfermedad y fracaso lo definen en un sistema que no comprende y le es hostil: «Você […] não pode fazer coisa alguma […] Sei que você é um bom policial, mas nem o Sherlock Holmes poderia provar que eu matei esse sujeito» (1990: 277).

La derrota del detective es crucial en este sistema. Su figura no sólo es la de un antihéroe como la del policial negro norteamericano –Marlowe, aunque golpeado y escéptico, resuelve los casos–, sino la de un fracasado, un «perdedor vocacional» que no logra unir los fragmentos de información y no consigue saber toda la verdad. La improbabilidad del éxito en un mundo en el que ninguna clase de poder ni justicia podrá alcanzarse desemboca en la propuesta ya mencionada de Etchenique «Habría que escribir un libro [...] de instrucciones para la derrota [...] Tendría que ser una especie de recetario del perdedor vocacional. [...] Ha que enseñar a perder: con altura, con elegancia, con convicción» (Sasturain 1987: 151). Con este proyecto «perdedor», con esa imposibilidad de ganar, se hace cargo de un rasgo del policial de fin de siglo: la mayoría de los textos de este período dan cuenta de este fracaso, de esta pérdida del poder que sufre el protagonista del género. Títulos como *Ni el tiro del final* (1982) y *Ultimos días de la víctima* (1979) de José Pablo Feinmann, *Triste, solitario y final* (1973) de Osvaldo Soriano, o *No habrá final feliz* de Paco Ignacio Taibo II son índices de este «manual de perdedores». Esta última novela es suma y síntesis de lo señalado: el detective ha sufrido un proceso de destrucción física y psíquica, rengo y tuerto, «despistado, desconcertado y sorprendido [...] ya no juega a ganar, juega a sobrevivir y a seguir chingando» (1989: 85). Su figura es en muchos aspectos intercambiable con la de Etchenique en *Manual de perdedores*, ha conseguido su diploma de detective por correspondencia y nunca leyó novelas en inglés. Versión entonces mexicana del detective fracasado, se enfrenta –otra vez– con el sistema, y como Mattos en *Agosto* será asesinado[40].

Esta «saga» culmina con *Perder es cuestión de método* del colombiano Santiago Gamboa, cuyo título es una cita incluida en una colección que reúne el protagonista, un paradigmático antihéroe del policial del fin de siglo[41]. La frase, «perdí. Siempre perdí. No me irrita ni preocupa. Perder es una cuestión de método» (Sepúlveda

---

[40] Otra novela de Taibo II, *Algunas nubes*, insiste en el fracaso inevitable en la búsqueda de justicia: «Sabía que cuando llegara el final, si llegaba, se iba a encontrar con una pared que impidiría la justicia [...] No se podía empezar una guerra con tanta sabiduría de derrota» (1995: 54-55).

[41] Entre otras, se encuentra también una de Graham Greene: «Los prohombres [...] Siempre tienen en algún lugar algo que les pertenece [...] Los vividores [...] nos buscamos la vida aquí y allá» (Gamboa 1997: 48). La cita hace explícita la

1994: 27), corresponde a *Nombre de torero* de Luis Sepúlveda y cierra una carta de un personaje particularmente perdedor. Por otra parte, el narrador de este último relato, otro «doctorado en derrotas» (1994: 35) –y la novela misma en la dedicatoria– remiten a las historias de Taibo II y de Daniel Chavarría «porque en ellas los individuos que sentía de mi bando perdían indefectiblemente, pero sabían muy bien por qué perdían, como si estuvieran empeñados en formular la estética de la más contemporánea de las artes: la de saber perder» (1994: 30). Se va conformando una extensa red de textos que exploran este rol perdedor, ligándolo a coyunturas históricas bien definidas: no hay que olvidar que la figura central del relato de Sepúlveda es un exiliado político y el detective de *Manual de perdedores* es posiblemente un desaparecido[42]. De este modo, la inversión del rol detectivesco introduce una diferencia: la derrota, la imposibilidad de regreso al orden, se explica y se define en términos de historia política[43]. Por eso no es casual que el tópico lo reitere Paco I. Taibo II en un texto no policial pero indudablemente político como es *Arcángeles. Doce historias de revolucionarios herejes del siglo XX*. En la «nota del autor», agradece a Miguel Bonasso el haberle inspirado el libro a partir de unas palabras muy semejantes a las del detective Echenique y a las

---

oposición triunfadores *versus* perdedores, a la vez que el plural de primera persona define un espacio de pertenencia en el que se reconoce el narrador.

[42] La primera parte de *Nombre de torero* tiene un epígrafe de Haroldo Conti y «se recuerda al escritor argentino desaparecido en Buenos Aires el 4 de mayo de 1976». Esta apertura signa ya el texto y señala al lector un camino –el de un cierto tipo de «derrotados»– para su lectura.

[43] Pueden citarse aquí también las novelas del chileno Ramón Díaz Eterovic, cuyo detective Heredia investiga en la era post-Pinochet crímenes en los que siempre están envueltos los Servicios de Seguridad u otros organismos vinculados a la dictadura. Su posición de derrotado se define claramente en *Ángeles y solitarios* donde recordando a un amigo desaparecido afirma: «–[…] Creo que volveríamos a hacer lo mismo, con todas sus equivocaciones y aciertos, sus miedos y anónimas valentías. –El problema es que perdieron» (1995: 87), le contestan.

de Maggi en *Respiración artificial*: «Paco, hay que hacer el elogio de la derrota» (1980: 12). De este modo, la propuesta de *Arcángeles* definida por su autor –«En medio de tanto culto a la victoria, éstas son historias de tremendas y no por ello menos heroicas derrotas. Historias que tienen que ver con la tenacidad, el culto a los principios, la política entendida como moral trágica y terrible» (1998: s/n)– vale también para estos héroes de ficción policial.

Las citas que colecciona el protagonista del relato de Gamboa conforman un conjunto de máximas con las que se podrían identificar los personajes de todas las novelas. Este periodista con funciones detectivescas de *Perder es cuestión de método* insiste en su vocación perdedora: «Pero yo no quiero ganar» (1997: 107) y «No siempre ganar es lo correcto» (1997: 282). La última frase remite al sentido fundamental que adquiere el perder en estos relatos: en un mundo corrupto donde los gobiernos son responsables de los crímenes y las leyes protejen a los asesinos el triunfo siempre es sospechoso, sólo es posible cuando se ha pactado y se han aceptado connivencias con el poder. Por eso dice Belmonte, el protagonista de *Nombre de torero*: «sé perder, y en estos tiempos eso es una gran virtud» (1994: 73). De este modo, perder es una forma de triunfo que ubica al protagonista más allá del sistema y le proporciona otra clase de éxito. Ser un antihéroe perdedor, formar parte de los derrotados garantiza pertenecer a un grupo superior de triunfadores: el de los que han resistido y fundan su victoria en la orgullosa aceptación de la derrota.

El fracaso es entonces la dimensión de un triunfo ético-político que ya se anunciaba en personajes como Marlowe[44]. Etchenique se niega a entregar a los represores la libreta de direcciones de la desaparecida, acepta la golpiza –igual que Marlowe en el final de *El largo*

---

[44] El héroe perdedor como forma de representación ético-política en la narrativa latinoamericana tiene en el relato policial su ejemplo más notable, pero no el único; podría rastreársela, vinculada a cruces históricos muy precisos, en diferentes géneros y períodos.

adiós– y recuerda: «un reflejo absurdo, inaceptable, lo hizo pensar en Hammett y su obstinada negativa ante la Comisión. Sintió que nunca había dejado de hacer literatura» (1987: 240). Sin embargo, no hace aquí literatura. Recuerda una ética ya no del género sino del mundo real, la ética de Hammett escritor. Frente al horror del terrorismo de Estado se entrecruzan vida y literatura: Hammett, Walsh y Marlowe pueden constituir el modelo.

Estos detectives perdedores no sólo son antihéroes fracasados que extreman las figuras del policial negro, sino que también son personajes que arrastran consigo la historia de su tiempo. Etchenique fue policía y se retiró durante la Revolución Libertadora asqueado al ver torturar a un hombre. En este sentido su cuerpo y su historia describen una parábola de la Historia argentina: tortura, desaparición, pasaje de las fuerzas de policía a detective marginal, desde el primer golpe contra Perón al último, de la desaparición del cuerpo de Evita a la de Cora. Su cuerpo y su fracaso son la sinécdoque de una derrota histórica.

Sombra de la sombra propone una parábola similar: los cuatro detectives están ligados a la historia de México en el período revolucionario. La serie de capítulos «Bonitas historias que vienen del pasado» los define como el resultado de esos años: «habían sido observadores, protagonistas y víctimas» (1986: 47). El fracaso de la Revolución es el de ellos: son la sombra de esa sombra en que se convirtió la Revolución[45]. La imposibilidad de que se castigue a los culpables al final de la novela, la aceptación de las reglas de juego, los equipara: «*Ahora sí somos la sombra de una sombra*, se dijo» (1986: 244; énfasis del original). El relato es otro «manual de

---

[45] En *Cosa fácil*, otra novela de Taibo II, se lee «Ser detective en México era una broma. No se podía equiparar a las imágenes creadas y recreadas. Ningún modelo operaba» (1992: 15) y «los finales felices no se hicieron para este país» (1992: 190). La diferencia con el canon es política y el fracaso es derrota en una coyuntura y en Latinoamérica.

perdedores»: en los bordes del sistema, los cuatro protagonistas se enfrentan a las instituciones:

>   —De una manela sui génelis y medio indilecta le anduvimos sacudiendo el polvo al Estado, ¿no?
>   —Bueno: militares, policías, banco. No estuvo nada mal... (1986: 228)

El diálogo es índice de la distancia entre estos detectives y los del canon. Enfrentados a la autoridad (no se debe olvidar que la historia comienza con una pelea con jóvenes militares «de la última hornada de la Revolución»), sin ningún método ni orden, intentan desentrañar un cruce de tramas, que como en los otros relatos, mezcla casos privados y políticos. La foto que se sacan ante el Palacio Nacional define el espacio en que se mueven: «Un poco más atrás se ve un astabandera con la enseña nacional flameando. Después de esa foto se fueron a asaltar el banco» (1986: 213). La escena condensa su diferencia con los héroes clásicos y duros. Se han desplazado casi todos los términos del género: el sistema es ladrón y asesino, frente a esto no sirven las cualidades de Sherlock Holmes. Por eso, los personajes manejan otro tipo de saberes, otras estrategias, y lejos de ser profesionales, desentrañan los crímenes como «mexicanos de tercera»; su antimétodo elude los caminos de la deducción o de la lógica. Este desplazamiento hacia los márgenes de la sociedad –y del código– los convierte en Quijotes destinados al fracaso. De hecho, la derrota marca sus vínculos con la ley y la autoridad. El mismo intercambio se encuentra en todas las novelas: la inadecuación entre las verdades descubiertas y el cumplimiento de la ley establecen el conflicto final. La ética de los detectives en el género, la moral de Marlowe o la obsesión por la verdad de Holmes se han transformado en una cuestión de Estado. Frente al poder sólo se logran victorias parciales y la derrota atraviesa el relato: los cuatro «detectives» reiteran el fracaso de la Revolución, las *sombras* que desde el título se multiplican en la trama[46].

Este fracaso del detective es paralelo al de la justicia y a la imposibilidad de la verdad cuando ésta involucra a la autoridad política. En *Manual* queda claro en la resolución de los casos que rodean a las dos mujeres centrales del relato: La Loba y Cora, la muchacha desaparecida. La justicia se cumple para el caso del crimen privado en manos de la Loba y «fuera de la ley». La mujer que ha estado todo el relato en las sombras, hurtando el cuerpo, y que sólo apareció fugazmente en unas pocas escenas, tiene a su cargo el cierre y la venganza o el cumplimiento de la justicia más allá de la ley de los hombres. Su cuerpo se hace presente en el final y cubre una ausencia y otra falta de justicia: el cuerpo desaparecido de Cora y la impunidad de los responsables; pero el crimen político –el de la dictadura militar– no podrá ser reparado[47].

Es el cambio del rol femenino en el texto el que politiza a las protagonistas[48]; como señala la historieta de Hugo Pratt incluida

---

[46] Bruno Bosteels sostiene: «Hoy, el único valor o la única valentía de la izquierda, para gran parte de la filosofía política, consiste en perseverar heroicamente en la desesperación –o en la euforia, que sólo es otra cara del mismo proceso melancólico» (1999: 761). El artículo enfoca «las discontinuidades político-culturales acumuladas desde el 68»; términos como fantasma y melancolía usados para el análisis son válidos para muchas de las representaciones ficcionales del mismo período.

[47] Lo mismo ocurre en la primera parte con el asesinato de Chola Benítez, en la medida en que es un caso político quedará impune: es el primer cuerpo «desaparecido» del relato y se escinde en las dos mujeres de la segunda parte. En otro orden, Chola Benítez remite a la cadena intertextual que siempre juega en el texto; no puede evitarse la conexión con el cuento «El Laucha Benítez cantaba boleros» de Piglia que, a su vez, lleva, por el tema del boxeo, a «Torito» de Cortázar y evoca «Ella cantaba boleros» de *Tres tristes tigres* de Cabrera Infante, en una red de asociaciones menos explícitas que las policiales, pero igualmente presentes.

[48] Véase Newman 1983, quien sostiene que las mujeres son objetos sexuales o cadáveres en el policial; género machista por excelencia, ellas nunca pueden cumplir el rol del héroe.

en el relato, una mujer puede despertar el recuerdo de otra: la Loba aparece al final reparando la ausencia irremediable de Cora, ejerce justicia porque es madre y en alguna medida venga no sólo a su hijo sino a la desaparecida. La Loba es, desde el comienzo, la figura de la Justicia; abre la parte II en «Ella no me deja mentir», el narrador la anuncia aunque no la identifique: «llega en algún momento como un ángel guardián o exterminador, hace su trabajo, ya la verán» (1987: 12). Ella es la que con su información le «impide mentir» antes de poner el punto final a la novela[49]. También es ella la que cierra una de las historias y la que restablece alguna clase de justicia, aunque sólo sea en el orden del crimen privado. En este sentido, el texto cumple en lo imaginario y sólo por medio de ella –una madre a la que le mataron a su hijo y busca justicia– con el «final justo» que a otras Madres le fue negado.

En ese «final de tango», con la presencia corporal y fuerte de la Loba que estuvo en las sombras, no es casual que se hable del pasado que siempre vuelve y vive en los recuerdos[50]. La mujer no olvidó ni perdonó, fue la que luchó para que se hiciera justicia y por eso ella se encuentra en el cierre, cuando se terminan las dos historias: «Estaban sentados sobre pilas de odio, de errores, de muertos, y sin embargo cada uno arrastraba sus pedacitos, armaba lo que podía de sentido

---

[49] La expresión juega con los dos sentidos: también alude a la ley que en diciembre de 1986 inició el indulto a los militares de la última dictadura cívico-militar en la Argentina. Y el texto lo recuerda: «el invierno del '86 no podía terminar sin el punto final» (1987: 12).

[50] El final se abre con el fragmento de historieta *Mort Cinder*. La pregunta del personaje que interpela al lector («¿Está el pasado tan muerto como creemos?») cobra aquí toda su significación política. El texto arma una constelación de alusiones al punto final y a un pasado que quiso «matarse» sin justicia. La Loba se constituye aquí no sólo como «personaje de Onetti» según dice el narrador, sino como metonimia de madre justiciera.

para el sobreviviente personal» (1987: 248). El fragmento vale para la Historia y para el relato, para el duro desenlace de ambas historias[51].

En este sentido, *Manual* es quizá el texto más «consolador» si se lo compara con *Agosto*, cuyo final deja sin salida alguna al lector. Cumple así la tradicional función del género, pero desde otra perspectiva muy distinta: no produce el olvido o un consuelo alienado sino que ante el horror de la injusticia «repara» en el nivel simbólico.

Sombra de la sombra, a su vez, insinúa la esperanza de una reparación a través de la escritura porque, como señala el detective/periodista Manterola, «quizá tenga alguna utilidad estar contando lo que pasa» (1986: 113). Sin embargo, es el mismo relato que leemos el que después de sesenta años cuenta la historia y se propone como única compensación a la injusticia:

–Algún día alguien contará todo esto.
–Espero que ni usted ni yo estemos vivos ese día, periodista. (1986: 243)

La distancia que media entre el presente del relato y lo narrado disuelve toda esperanza de reparación, «la utilidad de contar» se relativiza. De este modo, el texto clausura toda posibilidad de justicia; narrar la verdad sólo tiene como alternativa conjurar el olvido, mantener la memoria que permite comprender una actualidad –«después de la novela», fechada en 1982-85– donde «el dominó sigue siendo el gran deporte nacional» (1986: 249), es decir, el espacio, también simbólico, de la resistencia.

☙

---

[51] En otra novela de Sasturain, *Los sentidos del agua*, también una mujer ejerce la justicia con su mano para reparar la que no se ejerció en lo real: la exiliada ciega que fue torturada mata al reconocerlo por la voz a su torturador.

El género tuvo y tiene una función de descentramiento con respecto a la literatura «alta» o «seria»; a su vez, esta condición excéntrica no sólo implica el rescate de una forma popular y la distancia con la «buena literatura». El policial del fin del siglo XX, más que ninguna otra forma literaria, se ha hecho cargo de narrar la Historia; en él se fue realizando un balance y construyendo el relato de treinta años de vida política latinoamericana. El código, que es posiblemente uno de los más formalizados y ficcionales, se ocupa de representar de un modo específico lo que en otras formas discursivas resulta silenciado o no parece fácil mencionar; en él se debaten las condiciones de posibilidad de la justicia y de la ley en nuestra cultura y en una precisa coyuntura histórica.

Esto es así al punto que, con múltiples transformaciones, atraviesa la mayor parte de la narrativa de esos años y relatos de autores tan diferentes como Ricardo Piglia, Roberto Drummond o Ana Lydia Vega se construyen sobre una trama policíaca. Quizá por eso la frase «los tiempos sombríos en que los hombres parecen necesitar un aire artificial para poder sobrevivir» en la contratapa de la primera edición de *Respiración artificial* parece tan semejante a «el resplandor de un fósforo contra la oscuridad de los años» (1985: 12), con que se define a *Manual* en sus primeras páginas.

En el fin del siglo XX, luego de tantas pérdidas y derrotas, los textos policiales con detectives fracasados que nada pueden resolver, impotentes frente a la ley, perdidos en una maraña en la que apenas pueden vislumbrar la verdad, han abandonado la ingenua confianza que rodeó el sistema y la ley en los comienzos del género. Lejos de sostener la fe en un estado de cosas tranquilizador y confortable, representan la historia de una pérdida. Se ha borrado la ilusión en las instituciones, los sistemas, la posibilidad de un orden justo. La tensión que los textos considerados mantienen con las fórmulas «masivas», consoladoras, del policial canónico da como resultado una variante del género que se ha desplazado en su relación con esa cultura. Participando de ella, disfrutándola, se ha delineado una diferencia. En esa diferencia se encuentra el balance político de una época y la representación de un deseo imposible. En ese intersticio se construyen estos relatos en los que la ley y el saber van –ya lo señaló Foucault– juntos y pertenecen a otros, a los que tienen el poder para decidir cuál es la verdad y qué es la justicia.

Capítulo III

Las políticas del mal gusto:
un juego de seductores

> Vale más partir de un clisé que llegar a él.
>
> Alfred Hitchcock

Lo feo, lo malo: una ética de las estéticas

«Me siento fuertemente atraída por lo *camp*, y ofendida por ello con intensidad casi igual. Es por eso que quiero hablar sobre el tema, y es por eso que puedo» (1984: 303). La célebre cita de Susan Sontag en «Notas sobre lo *camp*» recuerda una frase de Luis Rafael Sánchez: «Me gusta cómo canta María Félix, precisamente porque lo hace muy mal»[1]. Ambas citas tienen la virtud de condensar todas las contradicciones que la literatura «culta», los autores, críticos y lectores, mantienen con las estéticas *camp*, el *kitsch* e, incluso, el pop.

Los modos de relación y las tensiones entre cultura «alta» y «baja» han sido siempre, como ya se ha discutido en el primer capítulo, complejos y ambiguos; sus contradicciones se hacen particularmente evidentes cuando se trata de las formas relacionadas de algún modo con el llamado «mal gusto». Estos vínculos difíciles parecen traducir lo que Umberto Eco llama, al referirse a la crítica del *kitsch*, «la manifestación mal disimulada de una pasión frustrada» (1968: 37).

---

[1] Conferencia dictada en el Department of Romance Languages and Literatures, Harvard University, 28 de abril de 1994.

La tensión entre la seducción y el rechazo, la condena y el placer que provocan las formas «bajas» está clara en las dos citas que abren este capítulo y adquiere notable vigencia si pensamos en la literatura de los últimos treinta años. La tradición de contacto con lo popular se consolida en las últimas décadas del siglo XX, se «institucionaliza»: los textos del brasileño Roberto Drummond, el mexicano Luis Zapata y la puertorriqueña Ana Lydia Vega condensan una larga tradición a la vez que se sostienen en la explotación de la cultura de masas y la estética *camp* y pop. Son la apoteosis de la seducción, pero también resultan el punto más alto de la traición y de la infidelidad a esa cultura, en la medida en que el *camp* y el pop pueden definirse por la distancia que generan con aquello que los constituye. Distancia que es a la vez uso, inclusión e integración, pero sobre todo *diferencia*. Esa diferencia es la que hace de estos relatos folletines, romances, novelas de aventuras y «otra cosa» –quizá novelas «cultas»–; sin duda, la estética pop y *camp* agudiza ese vínculo que los textos establecen con la cultura de masas. En este sentido, los tres autores mencionados resultan ejemplares: todos ellos se han vuelto canon y como tal sus textos ejercitan una autoridad que anula todo índice de marginalidad; el margen, «lo bajo», se han desplazado al centro. ¿Qué transformaciones y/o traiciones produce esta apropiación?

El *kitsch*, el *camp* y el pop siempre se han asimilado a la evasión, al estereotipo y, claro, al mal gusto. Rasgo este último que nos remite a una implícita norma de buen gusto, de lo bueno y lo malo, que se deslizaba ya de contrabando en la frase de Luis Rafael Sánchez mencionada al principio. Las teorizaciones sobre estas formas de la cultura «baja» no difieren mucho de las más duras críticas de los apocalípticos a la cultura de masas; incluso un autor como Umberto Eco[2], que vincula la condena del *kitsch* y el elogio del arte a una necesidad de

---

[2] Véase el apartado «Estructura del mal gusto» en Eco 1968: 83-140.

apagar el deseo que esta forma «vergonzante» genera, lo define como un producto que fabrica efectos y quiere venderse como artístico.

Desde esta perspectiva el *kitsch* resume y condensa lo peor de los medios masivos: es arte de consumo, banal y vulgar. El *camp* sólo se diferencia en que juega con ese mal gusto, disfruta de él como forma refinada, de élite, en una coyuntura particular de la sociedad capitalista[3]. Las reflexiones sobre estas formas se caracterizan por ser resbaladizas, por su falta de criterios rigurosos y –en la mayoría de los casos– por la restauración de oposiciones como alto/bajo, culto/vulgar. Aun en los casos en que se reconoce el pop o el *camp* (en especial el primero) como formas más elaboradas y de algún modo distanciadas del *kitsch*, permanece la convicción sobre su carácter frívolo y apolítico. La ambigüedad en el trazado de límites entre estas categorías –hay una verdadera asimilación entre masivo/*kitsch*/*camp* = «demoníaco»[4]–, lleva a una cierta confusión que invade incluso el pop y que enfrenta a todas estas formas con las nociones de «Arte», de originalidad y belleza.

No es el propósito de este trabajo definir estas estéticas o resolver la discusión sobre ellas. Las dificultades saltan a la vista apenas se confrontan entre sí los numerosos ensayos sobre el tema. En esta introducción, sólo intento señalar algunas de las dicotomías con las que inevitablemente suele pensárselas. En la lectura del *camp* o del *kitsch* se acentúan las contradicciones de todo acercamiento a las formas masivas; parece quedar más expuesto aquí el conflicto de posiciones en las que se filtra siempre una actitud valorativa. Estas estéticas se hallan muy asociadas con la noción de *gusto* y en la con-

---

[3] Las definiciones de estas categorías son contradictorias e imprecisas; en un sentido muy general, el *kitsch* se vincula al mal gusto y a lo que nunca tuvo valor estético y el *camp* sería una estetización intelectual y snob del *kitsch*. El pop es el arte constituido a partir de materiales –desechos– de la cultura de masas. Para la distinción entre *camp* y pop véase Ross 1989.

[4] Es ejemplar de esta postura el trabajo de Hermann Broch (1979).

formación de éste siempre son claves las perspectivas desde donde se enuncia: posturas de sujeto y valoración se entrecruzan entonces en el debate y vuelven conflictiva toda pretensión de rigor[5]. Las citas del comienzo, con la fuerte presencia de un yo que enuncia puntos de vista contradictorios, son índices de esa pertenencia –y oscilación– de los sujetos a dos espacios culturales. Quizá por eso algunos de los textos incluidos en este capítulo –*Pasión de historia* y *El vampiro de la colonia Roma*– representan a través de sus voces narrativas (en la ficción misma) este juego paradójico de un sujeto en el filo de dos mundos en tensión.

Las mismas dificultades surgen, como ya se ha visto, cuando se trata de establecer las diferencias entre *camp*, *kitsch* y pop. Similares rasgos son atribuidos a una u otra forma; por esta razón, he optado por distinciones muy generales, sin insistir en clasificaciones precisas que no parecen resultar productivas para el objetivo de este estudio. Me interesa considerar en los textos la forma en que se han incorporado y fusionado estas estéticas más que constatar su pertenencia a una u otra.

Las perspectivas sobre ellas bien podrían organizarse recurriendo a un sistema de oposiciones binarias. En especial el *kitsch* se propone como el polo negativo enfrentado con el buen gusto, lo bello, el arte canónico, la vanguardia, lo político, e incluso lo moral y lo bueno. Los ensayos se convierten en ciertos casos en sistemas organizadores que de algún modo «dictaminan» lo que es o no *kitsch* o *camp*. En otros, las clasificaciones oscilan aplicando las mismas cualidades a una u

---

[5] El concepto de *gusto* introduce la tensión sujeto/objeto en esta discusión. Kant en la primera parte de *La crítica del juicio* plantea el problema. Estudia la validez del juicio estético y señala que la relación estética arranca del sujeto; se debe a una actividad creativa, a la representación estética del objeto en el sujeto. Los juicios estéticos presentan así un aspecto paradójico: poseen una «generalidad subjetiva». La problemática de lo estético culmina en la pregunta sobre la posibilidad de combinación de la subjetividad con la pretensión de generalidad y necesidad.

III. Las políticas del mal gusto: un juego de seductores   95

otra estética. El artículo ya clásico de Sontag muestra en su condición de «Notas» los mismos rasgos que otros con más pretensión de rigor.

Todos coinciden en que el *kitsch* y el *camp* son el arte del estereotipo, del artificio, la frivolidad y la exageración[6]. Una tradición crítica suele también relacionarlo con la sensibilidad homosexual, asociando identidad sexual a una estética y estableciendo de este modo un *ghetto* muy discutible en la medida en que propone una mirada esencialista[7]. Este debate ingresa reiteradamente en las discusiones y demuestra hasta qué punto las variables usadas para explicar estas estéticas dependen de posiciones altamente subjetivas[8].

Una lectura ya también clásica, como la de Matei Calinescu, define el *kitsch* como un fenómeno de la modernidad y lo opone a la vanguardia. Resulta así una polarización en el que el primero es sinónimo de vulgaridad, repetición y banalidad, es decir, carece de la capacidad de renovación, de experimentación y de compromiso con el cambio que caracteriza a la vanguardia. La oposición es frecuente y repite la de otro clásico, Clement Greenberg, quien en «Vanguardia y *Kitsch*» (1979) enfrenta la cultura sucedánea y comercial a la cultura «genuina». Más allá del subjetivismo de estos adjetivos, su perspectiva establece una tajante diferencia que cuestiona Umberto Eco: es posible seguir una dialéctica entre vanguardia y *kitsch* y observar que

---

[6] El estereotipo y la trivialidad definen el modo de presencia de estas estéticas en la literatura: Dorfles (1969) y Moles (1990) se han ocupado de las más diversas manifestaciones del *kitsch*, pero dedican poco espacio a la literatura. Los conocidos trabajos de Eco ya mencionados son algunos de los pocos estudios dedicados a este campo específico.

[7] La colección de trabajos reunidos en la antología de Moe Meyer (1994) proporciona un panorama de esta posición en torno a las estéticas *camp* y *kitsch*.

[8] Pamela Robertson (1996) propone un *camp* feminista como una práctica artística y no como una excepción a la regla. A partir del presupuesto de que la estética *camp* es territorio exclusivo de la cultura *gay*, la mujer ha sido excluida de la discusión. El trabajo se concentra en una serie de estrellas cinematográficas como figuras del *camp* y analiza cómo éste se ha apropiado de la estética femenina.

éste «se renueva y prospera aprovechando continuamente los descubrimientos de la vanguardia» (Eco 1968: 93). Se podría agregar que los textos analizados en este capítulo demuestran también una relación dialéctica inversa: *con el estereotipo y los clisés kitsch se construye una narrativa anticanónica*.

Los ensayos sobre estética *kitsch* y *camp* (y en menor medida los trabajos sobre el pop) conforman un mosaico de posturas que pueden agruparse en dos grandes líneas: de índole estética (acusación de efectismo, imitación, falsedad) e ideológico-política (manipulación del gusto, consumismo, evasión); ambas suelen unificarse en perspectivas que alcanzan lo ético-moralizante[9]. En realidad, no sólo instauran el *kitsch* como un fenómeno de la modernidad sino que son lecturas hechas *desde* la modernidad. Recién en los últimos años las perspectivas posmodernas dejan de lado los juicios estético-éticos para considerarlo un fenómeno cultural que ya no resulta el polo negativo del «arte genuino». Jameson, por el contrario, ve en él una de las formas de la diversidad y heterogeneidad estilísticas del presente, en el cual se han erosionado las oposiciones que sostenían los juicios de mal/buen gusto. Desde su perspectiva, el pop sería el arte por excelencia de nuestro tiempo, la forma donde las distinciones entre arte experimental y arte de masas pierden sentido[10].

¿Cómo pensar, entonces, aquellos textos de nuestra narrativa latinoamericana invadidos, atravesados, por la cultura de masas y en particular por el *kitsch*, el *camp*, el pop? Los relatos de Vega, Drummond y Zapata (como los de Sánchez, Puig y muchos otros) conocen la seducción de las formas populares. Todos ellos exploran y explotan las posibilidades del *camp* y del pop, se regodean en el mal

---

[9] Véanse los trabajos ya citados de Moles (1991) y de Dorfles (1969); también el ensayo de Mark Booth, *Camp* (1991), es ejemplar en la medida en que define, clasifica y provee numerosos ejemplos, no siempre con rigor, de lo que es *kitsch* y/o *camp*.

[10] Véanse especialmente Jameson 1991 y 1996.

gusto y establecen a partir de él su complicidad con el lector. Todos han hecho de la fragmentación y del bricolage –de ese juego de citas ejercido sin jerarquías pero también sin inocencia– un método de trabajo. ¿Qué tipo de representaciones y uso de esa cultura popular proponen entonces?

Más que en ninguna otra forma, estos relatos acentúan la paradoja del vínculo entre «lo alto y lo bajo»: se encuentran en un perpetuo equilibrio entre la diferencia y la inclusión de esa otra cultura. Podría decirse que las estéticas del mal gusto proporcionan el eje que articula los textos: se recurre al *kitsch* o al *camp* para construir una narrativa que invierte sus signos y cuestiona las acusaciones de frivolidad y despolitización. Creo que *esta narrativa se politiza, se vuelve política precisamente en su uso de las formas «despolitizadas»*; de este modo, recoge una tradición que a lo largo del siglo XX tiene hitos como Roberto Arlt y Manuel Puig. En este gesto de inclusión de formas caracterizadas por «lo cursi» y vulgar es donde más nítidamente se representa el constante desafío al canon que estos textos proponen así como su permanente disputa por ocupar ese espacio. Este juego o tensión entre canon y contracanon se hace particularmente evidente en los relatos de Luis Zapata. La idea de canon lleva implícita la noción de ley, de medida o límite permitido y su contrapartida es la transgresión; Foucault lo señala: «La transgresión es un gesto que concierne al límite [...] se deben el uno al otro la densidad de su ser» (1993: 45). El relato de Zapata analizado en el último apartado de este capítulo –*El vampiro de la colonia Roma*– liga desde la escena inicial sexo y muerte de Dios, vínculo leído por Foucault como «la experiencia del límite» y se postula así como un relato en los «bordes»[11];

---

[11] «Sin duda alguna es el exceso el que descubre, ligados a una misma experiencia, la sexualidad y la muerte de Dios» (Foucault 1993: 43). La novela de Zapata se inicia con «y tú ¿qué vas a hacer cuando dios se muera?» (1979: 11). La expresión se reitera en un sueño estructurado sobre la diferencia sexual: estereotipo y marginalidad sexual son –como se verá– constitutivos de este texto.

esos márgenes genéricos —en las dos acepciones del término— instalan el relato en un constante juego de remisiones entre centro/canon y margen/contracanon.

Transgresión y anticanon también implican una política de la diferencia, ese movimiento de «distancia irónica» —para usar la ya mencionada expresión de Eco— que hace de estos textos un juego de equilibrios y alusiones muy consciente. Los relatos de Vega, Zapata y Drummond trabajan sobre toda una tradición de uso de la cultura popular, la explotan al máximo y al mismo tiempo hacen «un ajuste de cuentas» con ella; hay reconocimiento de su seducción y de sus posibilidades, pero ausencia de inocencia.

Las estrategias de desplazamiento del *camp* o del pop desde los márgenes al canon no implican la eliminación de las leyes del «buen gusto». Ambos están presentes en los textos que se constituyen en el encuentro o fusión con las dos estéticas. Se trata de una lucha por imponer otro canon, transgredir el dominante o forzar los límites de lo admitido en él. Sin embargo, perdura un sistema de equilibrios en que se reconoce y consagra «lo feo» a partir del conocimiento dado de «lo bello» (recuérdense las citas de Sontag y Sánchez). Por eso, es en estos relatos donde mejor pueden verse las estrategias de seducción y el juego de complicidad con el receptor; como recuerda Sontag, «*To camp* es seducir de determinado modo» (1984: 309). A diferencia del policial, la seducción no está aquí sólo en el reconocimiento de las fórmulas sino en el juego cómplice con el lector, que disfruta del clisé y del «mal gusto» percibiéndolo como «bajo». Un juego que oscila entre la seducción que proporciona esa estética y la aceptación de una distancia, de una diferencia que las formas analizadas aquí se ocupan de establecer[12]. Este juego cómplice depende de la atracción hacia lo que se admite como «mal

---

[12] Véase en el capítulo I de este libro el apartado III. La relación propuesta allí vale muy particularmente para el uso de la estética *kitsch* en estos textos.

gusto» y el placer que se sostiene en un saber compartido que lo reconoce como tal.

La relación seducción/uso de la cultura de masas es un eje esencial de este trabajo y ya ha sido planteada en el primer capítulo. El punto se retoma aquí en el segundo apartado a propósito de los textos de Roberto Drummond y el pop por entender que se trata de casos paradigmáticos de ese uso. Por ese motivo vuelvo allí sobre la postura de Baudrillard, que me ha resultado particularmente iluminadora para mi enfoque.

Es necesario recordar que la crítica vincula seducción y cultura de masas con un sentido muy distinto al que propongo para los textos considerados. Las formas masivas siempre han sostenido su atractivo en la promesa de proveer emociones compensatorias. Prometen «sensaciones fuertes, amores y sueños» que oponen a la realidad conflictiva del receptor. Suele definirse a esta cultura, y en especial al *kitsch* y al *camp*, como una promesa de felicidad consoladora y con pretensiones de verdad (Le Grand 1995: 37-77). La seducción emocional que ejerce lleva al consumidor a una parodia de catarsis y la felicidad ofrecida no es más que un programa de recetas para imitar. De este modo, la capacidad seductora de la cultura de masas se genera en el uso de códigos familiares –clisés, estereotipos, fórmulas– con las que se construye ilusión emocional y también estética.

Eva Le Grand analiza este debate y en particular la posición de Broch, para quien la idea de seducción cobra un sentido negativo: a diferencia del arte que busca también producir un efecto sobre el receptor, «el efecto de seducción que propone el *kitsch* se vacía de dimensión ética» (1996: 17)[13]. Es precisamente a causa de esta disociación entre la estética y la ética que Broch considera al *kitsch* no sólo como el «mal absoluto», sino también como el síntoma por

---

[13] Eva Le Grand se ha ocupado particularmente de este punto. Véanse Le Grand (ed.) 1996 y Le Grand 1988 y 1995.

excelencia de la «hipocresía social»: el abandono de la ética es para él constitutivo de su seducción. Este concepto adquiere así un sentido opuesto al de juego o estrategia para convertirse en una «peligrosa atracción» que propone una imagen idílica y compensatoria. Es decir, la seducción se encuentra al servicio de la manipulación, se asimila a engaño y mentira estética. Por este motivo, Le Grand encuentra que los novelistas que integran el *kitsch* en su estructura apelan a estrategias irónicas para contrarrestar «la fuerza insidiosa de su seducción» (1996: 47). Es evidente que Le Grand considera la ironía y la parodia como formas de resistencia a esa seductora ilusión. Seducir resulta la actitud antagónica de la ética; seducir no es aquí una estrategia de postergación del deseo sino engaño estético, o sea, ausencia de verdad ética. Por eso, en estas perspectivas la seducción no se diferencia del placer –antes bien, es el modo de llegar a él– y es un mecanismo al servicio del consumo alienado.

La confusión entre estética y ética deriva en una moral acusatoria hacia estas formas. En esta posición reside, quizá, la actitud ya discutida en el primer capítulo a propósito de la parodia y que se reitera en Le Grand. Los críticos no pueden sino leer en los textos de Puig o Zapata la tensión y la diferencia con las formas «bajas» como paródicas e irónicas. Es decir, parece no poder concebirse la relación con esa cultura si no se introduce una actitud condenatoria que elimine de algún modo toda confusión entre las estéticas «bajas» y la literatura que las incluye. Se olvida, sin embargo, que en una lectura sin identificación inocente, ejercida con distancia crítica, la seducción persiste y es un elemento constitutivo mucho más complejo de esa relación[14].

---

[14] Un crítico como Guy Scarpetta distingue en la relación con el *kitsch* «una fase posmoderna» caracterizada por la indiferencia. En su opinión, se transformaría en un estilo igual a otros, y desaparecería por lo tanto su posible valor subversivo, la capacidad irónica y también la seducción. Véase Scarpetta 1988.

Mujeres apasionadas: historia, pasión y seducción

«Pasión de historia», el cuento de Ana Lydia Vega que abre la colección *Pasión de historia y otras historias de pasión*, se instala en el complejo espacio fronterizo que todo contacto con el *kitsch* o el «mal gusto» genera en el arte. El relato puede leerse como un pivote, un punto de intersección entre los textos vinculados con el policial y analizados en el capítulo anterior y los conectados con la estética *kitsch* y *camp*[15]. Como el resto de la literatura considerada, este cuento fusiona múltiples formas populares y hace alarde de ello; tiene conciencia de su juego, lo expone y explota las posibilidades que le da su uso. Sobre toda la producción de Ana L. Vega también predomina la crítica con un enfoque paródico[16]: leerla desde esta perspectiva clausura de algún modo posibilidades y no resuelve las cuestiones en torno a su uso de los géneros masivos y el «mal gusto»; lo mismo sucede con los estudios que reiteran su filiación con Luis Rafael Sánchez[17].

«Pasión de historia» podría incluirse en el capítulo anterior y ser pensado como un caso más de las variables que ha producido el policial de fin de siglo. Al igual que «Romance negro», el cuento de Rubem Fonseca, puede verse como un caso extremo de transformación de la fórmula canónica. En «Pasión...» el género sufre un giro sorprendente y se entrecruza con el melodrama para conformar otra

---

[15] En el mismo sentido podría leerse una novela como *Máscaras* de Leonardo Padura, un policial que entrecruza el género detectivesco con la estética *camp* y el *kitsch*.

[16] Por ejemplo, María I. Acosta Cruz sostiene que «Sus cuentos se distinguen de los de otras autoras por el implacable uso de la parodia y el humor» (1993: 273). Véanse en el mismo número de la *Revista Iberoamericana* –dedicado a la literatura puertorriqueña– los trabajos de Yvonne Captain Hidalgo y Aníbal González.

[17] Existen numerosos trabajos sobre los textos de L. R. Sánchez que abordan el enfoque paródico. Particularmente interesante es el de Susana Rotker (1991), que analiza desde esta perspectiva procedimientos que pueden encontrarse también en A. L. Vega y a los que me referiré más adelante.

manera de leer la Historia. Como sabemos, el policial es un género de hombres; las mujeres tradicionalmente son en él víctimas o asesinas. Aquí continúan siendo víctimas –claro– pero son también las narradoras y protagonistas mientras los hombres, sus asesinos, casi no hablan en el relato aun cuando actúen[18]. Ha surgido otra alternativa que modifica la fórmula: las mujeres mantienen el rol tradicional del canon (resultan asesinadas), pero son también las únicas que tienen el poder de la palabra (teniendo como centro a la narradora, circulan cartas, cuentos orales, novelas, diarios personales y periódicos) y son ellas las que sostienen la dudosa posibilidad de alcanzar la verdad de las historias. Este es un motivo esencial para pensar que el cuento invierte otro punto clave como es la perspectiva desde la cual el lector debe implicarse en la intriga. En este sentido, el relato se incluye con sesgo propio en el policial de este fin de siglo donde la ecuación crimen-verdad-justicia, constitutiva de la fórmula, se ha quebrado. En efecto, el problema de la verdad y la justicia como imposibilidad es –ya se ha señalado en el capítulo II– uno de los ejes claves del policial latinoamericano contemporáneo. «Pasión de historia», un cuento en el que los crímenes quedan más o menos impunes y la verdad permanece oculta o no alcanza para obtener justicia, se incluye en esta variante del género. El relato une casos de mujeres asesinadas por motivos pasionales y liga el tópico por excelencia del melodrama y la prensa amarilla con el policial: crímenes pasionales –venganzas de hombres que defienden su «honor»– e historias cuya verdad depende del testimonio de mujeres y parecen, por lo tanto, poco confiables.

Una carta que recibe la narradora y un proyecto en el que está trabajando –«una novela medio documental, medio policíaca sobre un crimen pasional»– abren el relato. Esa novela funciona a la vez

---

[18] El relato lo dice, aunque desplazándolo a un episodio de la historia, de la trama: «Los hombres estaban fuera del cuadro. Sólo éramos tres mujeres trabajando...» (Vega 1987: 16).

como espejo del texto que leemos en la medida en que éste juega con los mismos géneros y reitera historias similares[19]. El «manuscrito» se cierra con una «nota de la editora»; así nos enteramos que la narradora también ha sido asesinada y su crimen no se ha resuelto. Los lectores sabemos la verdad y sospechamos que no habrá justicia, somos los que tenemos más pistas y sabemos más acerca del crimen, poseemos indicios y podemos deducir quién ha sido el asesino. Desde el punto de vista del canon policíaco nada se investiga ni se conocen los hechos con exactitud. En realidad, los crímenes de mujeres no parecen preocupar a nadie; en este sentido, la inversión del rol típicamente masculino de narrador y/o detective no modifica el lugar del poder. En el cuento, los hombres no narran, no escriben cartas, casi no hablan; sin embargo, uno de ellos –Paul– es «autor» de un album fotográfico que registra sus habilidades de cazador y en el que la última «presa» es su mujer. Es decir, se ha modificado el rol, pero no ha cambiado el espacio de poder: los hombres no hablan pero siguen siendo los victimarios y decidiendo sobre la vida de las figuras femeninas.

Los enigmas derivados de las historias pasionales –probables o reales infidelidades, maridos más o menos vengativos y asesinos– no se resuelven y quedan sin definición. Esta ambigüedad alcanza al crimen (no sabemos siquiera si lo hubo en el caso de Vilma, la segunda probable víctima) y disuelve –otra vez como en «Romance negro» de Fonseca– el motivo de la investigación y la búsqueda de la verdad desde la perspectiva del género policial. Deja así, en apariencia, en pie el melodrama y «la historia de pasión» como centro. Del mismo modo, se desplaza la figura del detective que ha sido ocupado por la

---

[19] Más adelante el relato otra vez se define y resume como un conjunto de situaciones extraídas de códigos reconocibles: «Cañona situación: una escritora indisciplinada [...], una compatriota medio craqueada [...], un cazador casado [...], una esposa acomplejada y celosa [...] esta comuna [...] que Bertrand Blier hubiera dado la vida por filmar» (1987: 28).

pasional narradora; ésta es incapaz de comprender los indicios, incluso los que atañen a su propia historia, como tampoco logra avanzar en la investigación. Lo mismo que en los otros policiales considerados, la figura que lleva adelante la búsqueda de la verdad es la que se encuentra perdida en la maraña de la historia: el saber del lector la supera y ella no es capaz de prever el peligro ni su final. Ninguna de las figuras femeninas tiene una percepción clara de su situación y proyectan sus vidas sin tener en cuenta la peligrosidad de las figuras masculinas que las rodean. La ausencia de «regreso al orden» y de justicia, característica de los relatos tratados en el capítulo anterior, deja aquí a las mujeres indefensas e introduce otra variable u «otra historia» en la organización del canon policial de fin de siglo.

Desde los títulos –del libro y del cuento– las relaciones de contigüidad son dominantes. Contigüidad y contacto de diversos elementos, pero en especial de niveles culturales: «lo alto» y «lo bajo» se encadenan, y ese vínculo es el hilo conductor del relato. Como dice la narradora, para «tejer el cuento» era necesario «un hilo que [...] pusiera a significar» (1987: 9). Ese hilo une dos culturas y diferentes saberes; es un trabajo de tejido similar al que debe realizar el lector: la Historia y las historias de pasión se confunden y entretejen. La Historia, el cuento, la mentira, el melodrama, constituyen estas «historias de mujeres» que echan luz unas sobre otras y que articulan múltiples géneros como la crónica, el periodismo y el policial.

Los epígrafes y dedicatorias que abren «Pasión de historia» mantienen la misma estrategia, igualan «lo alto» y «lo bajo»: el lector debe conocer las sutiles relaciones entre William Irish, Hitchcock y Chandler que van más allá de la pertenencia al género policial y de misterio. Se vinculan, sobre todo los dos primeros, por su interés en historias centradas en víctimas femeninas e inocentes perseguidos. Pero entre esta maraña de alusiones a géneros populares se filtra Sábato: el texto arrasa con las diferencias. La mención de Irish es paradigmática del tipo de trabajo que se impone porque no sólo es un nombre y una cita en las dedicatorias, la novela misma que la narradora está escribiendo se *conforma* sobre un relato de Irish aunque filmado por un cineasta de culto: «En la media luz de la lectura, Malén se va vistiendo de negro como un sueño Truffaut» (1987: 17)[20].

Es evidente que el relato *se constituye* a partir de la experiencia de los lectores sobre cine y literatura; ambos se entrecruzan para reemplazar descripciones, calificar y organizar escenas. El sistema comparativo que construye la representación de los personajes y de muchas situaciones reitera la estrategia de contigüidad ya mencionada y apela a un sistema de referencias culturales diverso, «alto y bajo». Como señala Efraín Barradas «el choque inesperado entre lo culto y lo popular se convierte en una de sus estrategias estéticas principales» (1985: 554). Toda la experiencia pasa por este tamiz cultural heterogéneo: Daphne Du Maurier, Yocasta, Truffaut, Sartre y Beauvoir, Nosferatu, Brian de Palma, Miss Marple, pueden definir historias, personajes, situaciones[21]. Una escena puede organizarse como un conjunto de citas cinematográficas presentadas «en cámara superlenta»: se abre apelando a films bien conocidos para el lector (y para la narradora) como «La ventana siniestra» y «Baby-doll». Las expectativas se frustran y se quiebra el relato con la introducción de otros códigos también muy reconocibles: «pero como en *dénouement* de Brian de Palma, Vilma no juyó. Se quedó un rato [...] y volvió a internarse en el castillo de Nosferatu» (1987: 30). Puede observarse la fusión no sólo de códigos culturales sino también lingüísticos: el cine organiza la escena pero la lengua define el espacio desde el que

---

[20] Alusión al film de Truffaut *La novia vestía de negro* (1967) basado en la novela de Irish del mismo nombre (*The Bride Wore Black*, 1940).

[21] Aunque abundan en el sistema comparativo distintos códigos de la cultura de masas —«melena lolaflores» (8), «temblor telenovelesco de labios» (12)–, predomina el cine: «ciudad medieval de película» (19), «un frío reforzado de niebla de película inglesa» (20), «muy arquetipo de pareja francesa de provincia vía Chabrol» (13).

enuncia. Aunque lengua vulgar y francés se entrelazan, la narradora parece más cercana a la primera: la bastardilla en que siempre se presenta el segundo lo distancia y vuelve ajeno[22].

Este encuentro de diversas culturas, lo mismo que el sistema comparativo y calificativo, juega en forma mucho más compleja que el simple pastiche de opuestos. El laborioso tejido de citas y guiños construye un mundo complejo y ambiguo que desplaza constantemente el lugar de la enunciación. La identidad misma de la narradora se conforma en la contradicción: el «manuscrito» incluye un fragmento de su diario y ambos son marcadamente personales, tienen el mismo tono y refieren la misma historia. Sin embargo, ella introduce un falso desdoblamiento que parece cuestionar su yo enunciativo: «Aquí calla el diario y sigo yo, con la frialdad que impone la distancia» (1987: 29). Este gesto se reitera en cada uso de citas, códigos y lenguas: si la narradora compara las historias que cuenta Vilma con «una cafre novela de Mauriac», dos páginas después su relato es un juego de alusiones y apropiaciones de ese autor: «Dentro de un agujero en la pared rocosa, descubrimos un *nido de víboras* promiscuas» y «no se percatarían de la *reptil* llegada de Paul…» (1987: 30; énfasis mío).

El uso ostensible del *kitsch*, por definición una estética generadora de un espacio elusivo de enunciación, es el hilo conductor que enlaza el contacto «margen/centro». A primera vista los relatos de Vega son una glorificación del *kitsch*, del mal gusto y de las formas «bajas», por su léxico, por la apelación a la prensa amarilla y el melodrama: otra vez el sistema comparativo y descriptivo funciona como el ámbito donde este rasgo se vuelve notorio[23]. Constitución de una lengua que

---

[22] La narradora reitera su poca familiaridad con el francés, idioma por excelencia de la alta cultura –«mi francés coleta de requisito universitario» (1987: 12)–. La relación con el inglés, en cambio, está filtrado por la particular relación política de Puerto Rico con los Estados Unidos.

[23] Efraín Barradas señala: «Lo primero que llama la atención del lector en estos cuentos es la agresividad de la lengua empleada» (1985: 552).

funciona como «baja y popular» y alusiones a la sexualidad que se acercan a lo grosero imprimen esa agresividad de la que habla Barradas y producen el efecto de ser la estética dominante del relato y su principal objetivo[24]. Sin embargo, el mal gusto, el *kitsch*, funcionan como el terreno donde se debaten y confrontan cuestiones estéticas y políticas. La articulación señalada entre formas «altas y bajas» ubica a la narrativa de Ana Lydia Vega «decididamente fuera del canon paternalista» (Gelpí 1994: 183). Cuando Gelpí analiza la literatura puertorriqueña que ha puesto en crisis este canon caracterizado por su nacionalismo cultural y su legitimación de un orden totalizante, encuentra que Vega representa en ese contexto la transgresión y la ruptura: «equivale a hacer una especie de viaje de la cultura letrada a la "popular"» (1994: 189).

Por otra parte, no hay que olvidar que el manuscrito se publica en una supuesta colección «textimonios» de una editorial femenina llamada «*Seremos*». Es decir, el epílogo vuelve a unir los géneros «bajos» con la Historia y el periodismo, a la vez que homologa el relato que leemos con la novela que estaba escribiendo la narradora: pasión, historia, periodismo y policial valen para ambas. Nosotros, como los lectores del caso Malén, leemos un apasionante melodrama y también somos «devorados» por el sensacionalismo de la prensa amarilla. Lo mismo que en el juego de palabras que supone el título de la colección, el cierre del cuento vincula discursos de valor diferente: testimonio, periodismo, policial e Historia trabajan con la noción de verdad aunque no tengan similar jerarquía. Sin embargo, en Ana Lydia Vega la equivalencia entre «pasión de historia» (¿quizá pasión *por* la historia? ¿quizá pasión por la verdad de la historia? o apelando a su sentido etimológico, ¿dolor por la historia?) e «histo-

---

[24] Abundan los ejemplos: moraleja para «mujeres chochicalientes» (9), «Lo próximo sería rebuscar en mi zafacón a medianoche en busca de condones emplegostados para su álbum» (11), «…cultivando el estreñimiento de cemento armado…» (31).

Tapa a la edición de Ana Lydia Vega (1988): *Pasión de historia y otras historias de pasión*. Buenos Aires: Ediciones de la Flor.

rias de pasión» es algo más que un juego de palabras. Amor, deseo o dolor, la ambigüedad del título abre un abanico de posibilidades. La clave que define esa «pasión de historia» (y permite otra lectura del relato) está en el último cuento de la colección, «Sobre tumbas y héroes», que parece remitir a la «alta» literatura de Sábato, pero cuyo subtítulo, «Folletín de caballería boricua», cuestiona otra vez las jerarquías y reintroduce «las formas bajas». Allí se define qué se entiende por «pasión de historia»: es «no la historia cipaya de los administradores coloniales, ni la de las mediocres maldades de metrópolis madrastras ... Sino la Intra-Historia, la canción de gesta de los supuestos derrotados» (1987: 103)[25]. El cuento relata el proyecto de construir una Historia puertorriqueña, de contar «la otra historia», y en su construcción se mezclan las tradiciones y creencias populares con los mitos de la cultura de masas: igual que en la habitación del poco ortodoxo historiador protagonista, Don Virgilio, donde se confunden libros, periódicos, papeles, copias atrasadas del *Volantín Nacional*, la bandera de Lares y un cartel de Libertad Lamarque en *Besos Brujos*. El concepto de historia se ha complejizado y la *pasión del/por las historias* abarca desde el melodrama a la Historia; ésta sólo puede leerse en el encuentro de todos esos discursos[26].

Entonces, si bien es cierto que las víctimas son mujeres, no puede olvidarse que son también puertorriqueñas. «Pasión de historia» abre el camino para esta lectura: en la medida en que la narradora

---

[25] Cobra así un sentido preciso la tercera dedicatoria del libro (las dos primeras son a William Irish y Ernesto Sábato): «A todos los traductores del silencio». Abre otra lectura de la colección que se confirma en el último cuento.

[26] También el tratamiento de la historia ha sido leído como paródico: refiriéndose a los cuentos de *Encancaranublado y otros cuentos de Naufragio* (1983), Elsa Noya dice «El espectro es amplio: se parodian la historia, los géneros literarios, los discursos [...] Se parodia una historia oficial rescatando y oponiéndole una historia sumergida» (1993: 134). Como ya he señalado, no coincido con los análisis que leen en estos autores toda confrontación y cita como paródica.

se siente culpable «como acusada puertorra en corte federal gringa» (1987: 29) algo más se agrega a su condición de mujer. Definiciones como «mamífera isleña», «princesa taína» y «puertorra» destacan la condición puertorriqueña de las protagonistas. *El espacio «nacional» queda entrelazado, asimilado con el de mujer.* Una escena define esta distinción; el episodio une en la risa y la complicidad a las dos mujeres de Puerto Rico frente a «los otros» (hombres y/o franceses, extranjeros). La escena, calificada como «algo raro», tiene lugar el veinticinco de julio, «*infausta* fecha de la *pseudo*-constitución puertorriqueña y de la *aún más infausta* invasión yanqui a nuestras plácidas riberas» (1987: 21; énfasis mío). La calificación define el lugar de la narradora con respecto a la situación política de Puerto Rico y el arroz con habichuelas («la gran mixta nacional») se vuelve un territorio de enfrentamiento y resistencia frente a las refinadas comidas francesas y al marido, que clausura la risa y la complicidad con un francesísimo «Ça suffit». Si el lugar de mujer es un espacio por ganar y en constante lucha (basta pensar en el «woolfiano cuarto propio» que le costará muy caro a la narradora), lo mismo ocurre con la ciudadanía puertorriqueña. A la hora de buscar un refugio ella no encuentra ningún cuarto ni ningún espacio nacional y se pregunta: «pedir asilo en la embajada puertorriqueña (¿cuál?)» (1987: 30).

El relato –como ya se dijo– circula entre mujeres: la narradora (su diario y su manuscrito, su novela documental), Vilma y la editora que cierra con la nota final el cuento; es decir, las mujeres son aquí las que tienen en sus manos los hilos del relato –y tanto Vilma como la narradora saben cómo provocar el interés y plantear enigmas[27]–. Sin embargo, esta capacidad narrativa se ejerce sobre historias que

---

[27] Todo en el cuento se presenta como narración contenida en fórmulas, géneros y códigos: la historia de Malén es «otra pedestre historia de pasión» (9) y la de Vilma es una «historia fascinante», es un «relato de pasiones desbocadas […] como telenovela vitalicia» (19).

quedan sistemáticamente inconclusas o sin resolución: no se termina la novela sobre Malén, sólo podemos sospechar el final de Vilma, desconocemos cómo continuó la historia de Maité y de la muerte de Carola –la narradora– nos enteramos por la nota de Griselda, directora de la editorial *Seremos*[28]. El tiempo futuro parece señalar un estado de cosas diferente en el presente; de este modo, aunque la voz enunciativa está en las mujeres, éstas no pueden manejar los hilos de sus historias (así como no pueden resolver los casos policiales): no «saben» lo suficiente. Sus subjetividades están construidas a partir de estereotipos, los reproducen y reiteran sus clisés; están, finalmente, alienadas en los códigos culturales y sociales aprendidos que guían sus conductas y su lectura de lo real. Por eso ninguna de ellas logra liberarse de su destino predeterminado, y terminan cumpliéndolo sin mucha conciencia de la situación en que se encuentran; se conforman como sujetos en base a fórmulas y se mueven en un territorio ambiguo y contradictorio, atravesado por diversas vertientes de la cultura de masas.

La inserción de la experiencia en un mundo de citas, códigos, modelos y roles previos sólo lleva al fracaso. Las historias de esas mujeres no pueden ser contadas, nadie podrá saber la verdad ni conocer sus identidades; tampoco la narradora, atrapada en ese mundo de fórmulas, cuentos truculentos, crónicas, telenovelas y melodramas. A su pregunta «¿Quién contaría a Malén, quién diría la verdad, si ella estaba muerta?» (1987: 21), el cuento responde «Nadie». Con los clisés de la cultura de masas se ha construido otra historia: la de un relato frustrado, el relato de la imposibilidad de narrar la historia de las mujeres. Si en los romances y en los melodramas ellas siempre han sido definidas, reducidas y explicadas por estereotipos, aquí permanecen como esa otredad que escapa a toda

---

[28] De hecho, la narradora escribe su diario «en una libreta llena de viejos cuentos natimuertos» y quizá como «actividad sustituta por la novela abandonada» (22).

resolución tranquilizadora. Las fórmulas de la cultura de masas parecen haber fracasado.

Pero también esas historias de mujeres funcionan como espejo de La Historia: el título del libro es un quiasmo que enfrenta, refleja y equipara Historia y melodrama. Las formas masivas son el espacio donde se debate a la vez la identidad femenina y nacional. En este sentido «tejer el cuento de Malén, la novela de Malén» es intentar construir La Gran Novela Puertorriqueña que queda interrumpida porque «cada día se iba enredando más la madeja de escenas sueltas, deshilachadas, donde siempre faltaba algo: la costura decisiva, el hilo que las pusiera a significar» (1987: 9).

Novela nacional inconclusa e identidades todavía inciertas (¿*seremos* mujeres libres, *seremos* un país independiente?): la Historia se dibuja a través de esos relatos de pasión, es decir, a través de la cultura de masas. Ésta, sus formas «bajas», el *kitsch*, son los «hilos que ponen a significar» el relato; su fracaso hace imposible concluir esas historias y consolarse con ellas, pero también su seducción permite diseñar *a través de ellas* ese espacio diferente por el que se filtra una lectura política.

Estrategias de seductores: una política del placer

«La seducción no es del orden de lo real [...] lo real nunca ha interesado a nadie. Es el lugar del desencanto, el lugar de un simulacro de acumulación contra la muerte. No hay nada peor...» (Baudrillard 1991: 48-49). La frase de Baudrillard señala ya un punto esencial de su argumentación: la seducción es en primer lugar artificio, una forma irónica de juego y desafío, un juego que se sostiene gracias a estrategias de postergación, un ritual destinado a encantar y cuyo placer depende de la suspensión del deseo, incluso de su decepción.

Estrategias, artificio, ilusión y decepción. Todos los términos que rodean la seducción según Baudrillard[29] nos abren un camino de acceso a una de las narrativas que de modo más nítido se ubica en el borde de dos culturas, de dos mundos –lo «culto», lo «alto» *versus* lo «masivo», lo «bajo»–. Si toda la literatura vinculada con los géneros masivos establece siempre una relación seductora con el lector, las formas pop y *camp* venden seducción y en alto grado. Esa es la primera condición y la primera ventaja del vínculo con las formas más inmediatas de la cultura de masas.

Como ya se ha señalado, el placer que se deriva de la lectura de los códigos masivos se vincula al reconocimiento de sus leyes. En el contrato entre lector y texto, placer e interés dependen de encontrar lo esperable. De este modo, la promesa de seducción se diluye rápidamente en el tranquilizador cumplimiento de ese pacto. El lector recibe un placer fugaz, la seducción se pierde en la satisfacción –y confirmación– del reconocimiento.

Sin embargo, la narrativa considerada en este libro, esos relatos que usan, se apropian, transforman la cultura de masas, establecen relaciones de placer y seducción mucho más complejas. La estética *camp* y pop se constituye *con* las formas masivas más ostensibles e instaura una tensión cuya seducción mayor reside en que no se resuelve. Probablemente sean los textos pop los que mejor exponen este difícil equilibrio entre seducción y decepción.

El pop no podría pensarse sin la referencia a la expansión de la cultura masiva. Se trata de una forma que parece vuelta hacia los consumidores de esta cultura; presupone el conocimiento de códigos –en especial de imágenes– mediáticas. Los artistas pop afirman eufóricamente la realidad visual de la cultura de masas y en ese

---

[29] He considerado el ensayo de Baudrillard clave en mi argumentación para analizar el vínculo entre formas masivas y «altas» en el capítulo I. Retomo aquí este trabajo por considerar que la cultura pop es la estética que mejor ejemplifica la tensión y el juego entre ambas culturas desde esta perspectiva sobre la seducción.

sentido realizan una crítica radical a una estética «alta» aunque esto no signifique una adhesión o una fusión absoluta con lo masivo. Las formas pop manifiestan en alto grado, tanto en las artes visuales como en la literatura, las posibilidades seductoras de los mass media: el narrador brasileño Roberto Drummond y el pintor norteamericano Roy Lichtenstein son paradigmas de la estética pop y son, también, uno de los ejemplos más interesantes del uso de estrategias similares en dos formas artísticas diferentes[30].

Lichtenstein pinta figuras humanas tal como han sido «reducidas» y construidas en las historietas. Lo que está «fuera» de la pintura es ya una pintura, es un código conocido y disfrutado por muchos (de hecho sus primeros trabajos incluían dibujos de Popeye, Mickey Mouse, cow-boys e indios). Lejos de todo realismo, sus cuadros representan lo ya representado, informan sobre una información preexistente y esas imágenes preexistentes son siempre productos de la cultura de masas.

Las composiciones de Lichtenstein, directamente salidas de las tiras dibujadas, inundadas de colores chillones, integradas al sistema narrativo de cuadros separados que define a las historietas, nos acercan como en un *close up* cinematográfico rostros y escenas que permanecen sin resolución para nosotros: quién es la muchacha que llora y dice «¡Ah! ¿Ahora es demasiado tarde?» «¿por qué lo hace?». En otro cuadro otra joven rubia afirma: «Sí, yo entiendo cómo te debes sentir, John». Los espectadores nunca sabremos el sentido de esas

---

[30] Graciela Speranza en «Relaciones peligrosas: modernidad y cultura de masas (Del pop art a Manuel Puig)» (1998) establece vínculos entre Lichtenstein y Puig a partir de la estética pop. Coincido con su postura, pero creo que la producción de Drummond (evidentemente heredera de Puig) acentúa mucho el nexo con la plástica, tanto por los procedimientos como por el uso de las imágenes que son fundamentales en muchos de sus relatos.

frases[31]. Los diálogos están fragmentados, descontextualizados, se ha quebrado el código en el punto exacto que lo sostiene: ya no tenemos el hilo narrativo que nos atrape[32]. Sin embargo, la seducción de las imágenes, de los pequeños fragmentos, está vinculada y depende en gran medida de nuestra experiencia de lectores de historietas. Se juega con nuestro deseo de saber, con nuestro conocimiento del código y «la decepción» que sufrimos construye ese espacio de la diferencia entre cualquier comic y un cuadro de Lichtenstein. Se trata de subvertir o transformar la función de atracción mediática construyendo esa distancia «sin ingenuidad» a la que se refiere Umberto Eco (1984: 74). Esto es particularmente claro en el caso de las estéticas *camp* y pop en las que lo masivo, el mal gusto, el *kitsch*, aparecen bajo la forma de una cita de esa cultura[33]. En efecto, Lichtenstein cita los comics al incluirlos en otros contextos y en consecuencia establece ya una distancia y otra clase de seducción[34].

Esto es particularmente notable en los cuadros en que aparecen figuras femeninas, en su mayoría una sucesión de rubias heroínas de

---

[31] Oscar Masotta es uno de los primeros en señalar estos rasgos en Lichtenstein y en el contexto del arte pop. Difiero con él, sin embargo, en considerar «que se trata de un arte vuelto a los productores de la cultura popular; y en este sentido de un arte popular» (Masotta 1967: 16). El trabajo con «lo popular» no define necesariamente una forma artística como tal.

[32] Cécile Whiting (1997) señala que el placer ofrecido por las historietas de amor y guerra en las que se basa Lichtenstein depende en gran parte de su capacidad predictiva: su desarrollo narrativo y la conclusión –múltiples crisis y final feliz– son bien conocidos y confirmados en cada lectura.

[33] Lidia Santos (1993) ve este uso de la cultura de masas, en particular del *kitsch* y del mal gusto, como una forma de metalenguaje –el metakitsch– crítico en los autores latinoamericanos de los últimos treinta años.

[34] Pablo de Santis sostiene que en Lichtenstein «esta elección de la historieta como modelo era menos un modo de rescatarla que de hundirla» (1998: 33). No coincido con esta lectura. El uso de la forma masiva no implica un propósito de valorizarla o destruirla necesariamente; antes bien, se vincula a la construcción de una nueva forma más que a un intento de modificar el status del código original.

melodramas románticos. Pinturas como *The kiss* o *Aloha* muestran mujeres aisladas y fragmentadas; por otra parte, son estereotipos culturales, responden a las representaciones que los medios de los años cincuenta habían impuesto: «Lichtenstein no las inventó, se las puede encontrar en las propagandas y los libros de historietas románticas de la época» (Waldman 1993: 113). Se trata de clisés sociales sin identidad, productos de la cultura de masas; separadas de su contexto original –el espacio del comic– sus representaciones resaltan en su artificialidad. Lichtenstein vacía el dibujo de la historieta de toda su verosimilitud y enfatiza la codificación de la mujer en esa cultura[35].

Si comparamos algunas de sus pinturas, como *Hopeless* y *Drowning Girl*, con los «cuadros» de las historietas de donde son sacadas, podemos ver que en las primeras se ha realizado un *close-up* del rostro de la mujer tal como podría verse en ciertos avisos televisivos o en las revistas[36]. La imagen femenina se ha vuelto más artificial aún al perder el contexto de la historia que le daba cierta credibilidad. En algunos casos, el diálogo en los globos que acompañan la imagen cambia completamente de sentido al quedar desprendido del hilo narrativo: *The Engagement Ring* lleva al espectador a una interpretación muy diferente de la escena original, perteneciente a la historieta «Winnie Winkle»[37]. La «historia de amor contrariado» se pierde y la frase –«It's... it's not an engagement ring. Is it?»– admite una multiplicidad de significaciones. El espectador ya no se encuentra

---

[35] Whiting (1997) recuerda que las estructuras narrativas de la historieta construyeron y contuvieron en los Estados Unidos durante la década de los cincuenta una perspectiva normativa sobre la masculinidad y la femenidad. De este modo, los cuadros de Lichenstein, al acentuar las diferencias, exponen el carácter artificioso de estas convenciones sociales.

[36] *Hopeless* y *Drowning Girl* están tomados del comiv «Run For Love!» de Tony Abruzzo, publicada en *Secret Hearts* (1962).

[37] «Winnie Winkle» de Martin Branner, publicada en *Chicago Tribune*; los paneles de donde toma Lichtenstein este cuadro aparecieron en julio de 1961.

atrapado por el interés de seguir un argumento, la imagen por sí misma ha ejercido una nueva seducción sobre él para abandonarlo de inmediato y dejarlo librado a sus propias decisiones si desea fijar un sentido. De hecho, la capacidad seductora de la imagen se multiplica en la medida en que la figura recortada de su contexto preciso abre nuevas alternativas para el imaginario del espectador. Es ejemplar el caso de *Girl with Ball*: el modelo fue un anuncio aparecido en la sección «Travel» del *New York Times* en 1963. Entre los muchos cambios significativos que realiza Lichtenstein, me interesa señalar la desaparición del texto del aviso; Lichtenstein se apropia de la figura que promociona un lugar de vacaciones y la transforma –y explota

Roy Lichtenstein (1961): *Engagement Ring*. Óleo sobre tela, 67 ¾ x 79 ½ pulgadas. Colección privada.

Roy Lichtenstein (1961): *Girl with Ball*. Óleo sobre tela, 60 ¼ x 36 ¼ pulgadas. The Museum of Modern Art, New York.

las posibilidades simbólicas– en un tropo muy popular, muy usado por el cine y las revistas a partir de los cincuenta: la mujer con glamour y en traje de baño. Por otra parte, es también una cita y una reminiscencia del cuadro de Picasso *Bañista en la playa con pelota*. El pop es aquí claramente el punto de encuentro y cruce de los dos polos culturales «alto» y «bajo».

Asimismo, los fragmentos verbales y los diálogos en los tradicionales globos de la historieta acompañan el sistema de artificio, ambigüedad y juego de seducción/decepción de las imágenes. El uso que Lichtenstein hace de las palabras

> no sólo es un modo de resistencia a la presión del arte puro, sino que lleva la tensión entre el arte alto y bajo al interior de la estructura del cuadro. La información verbal va desde una palabra («Texto») hasta las onomatopeyas características de la cultura pop («Brattata») […] Capta perfectamente los efectos de lo lúdico en la cultura popular a partir de los cincuenta, primero en la ciencia ficción y luego en las historietas de guerra. (Alloway 1983: 24)

De hecho, la inclusión de la palabra no sólo constituye una cita de la historieta sino también un uso exasperado de sus clisés más reconocibles; pone en evidencia hasta tal punto el código que éste se desnaturaliza, obliga al espectador a prestar más atención a la convención y perder el «encanto» del relato. *Takka Takka* con su onomatopeya atravesando el cuadro no cuenta una aventura bélica; nos dice ante todo cómo vemos nosotros la guerra: a través de la cultura de masas, mediada por las convenciones y las fórmulas de los géneros[38].

---

[38] El mismo efecto producen los textos que acompañan «escenas de amor» en sus cuadros; escindidos de su contexto, como un diálogo de telenovela recitado sin imagen, sólo denotan estereotipos, sentimientos codificados y banalizados. El placer del espectador frente al «romance» queda decepcionado de inmediato.

La imagen es artificio, juego, cita: toda relación con el objeto real se ha problematizado, el cuadro sólo remite a un código común con el lector y se apoya en ese saber compartido. La transcripción del dibujo familiar de la historieta con su técnica gráfica aumentada lo vuelve extraño sin disolver su aire familiar. Este es el modo de trabajo con las formas masivas: reconocimiento y utilización de sus posibilidades seductoras (posibilidades que la misma forma masiva no explota, puesto que en ellas la seducción se diluye en placer rápidamente) y extrañamiento, decepción que genera otra clase de vínculo, más complejo, quizá más «perverso».

Las imágenes de Lichtenstein trabajan con el código de la historieta, con las convenciones establecidas para el género: muestran –y nombran al mostrarlo– detalles muy conocidos, objetos que son mitos sociales pero el objeto real, mediatizado por los clisés, se diluye, no existe. Sólo tenemos citas, estrategias para seducir al espectador; en realidad, exactamente lo contrario de la cultura de masas, que dice «esto que ves (el estereotipo) es lo real».

El mismo juego de estrategias se encuentra en la narrativa de Roberto Drummond. Su producción responde a un proyecto explícito de construir una literatura pop, de hacer (según dice en la entrevista que prologa *A morte de D.J. em Paris*) «uma literatura sem nenhum vínculo com a literatura tradicional. [...] Acho que a literatura "pop" é capaz de fazer da literatura o que os Beatles fizeram na música» (1975: 3); es decir, hacer textos que establezcan una nueva relación con la cultura de masas. La acumulación de elementos de ésta, como publicidad, slogans, diálogos de radio y televisión, recortes de periódicos, se condensa en un gesto que llamo *nominativo*, muy similar al trabajo con la imagen y la palabra en los cuadros de Lichtenstein. El nombre (de personas, lugares, marcas famosas) funciona no sólo como clisé cultural que remite a un código y actúa como referente conocido del lector, sino que también se vuelve constitutivo de la representación narrativa. Narrar es nombrar y definir a través de ese nombre. Sin embargo, de modo paradójico, la nominación despersonaliza: nada ni nadie tiene identidad segura. La proliferación y el desplazamiento nominativo producen un efecto de distanciamiento; el signo se vacía de sentido y remite a referentes desconocidos. La nominación funciona como las figuras ampliadas de Lichtenstein y las frases y nombres contenidos en los globos de sus cuadros. Otra vez el procedimiento que parece señalar más claramente la pertenencia a la cultura de masas provoca también la diferencia.

Con el «ciclo de Coca-Cola», que incluye textos como *A morte de D.J. em Paris* (1975), *O dia em que Ernest Hemingway morreu crucificado* (1978) o *Sangue de Coca-Cola* (1981), Drummond realiza una lectura política del Brasil contemporáneo[39]: «E eu provo um pouco do meu sangue: tem gosto de Coca-Cola [...] o Brasil também tem sangue de Coca-Cola» (1981: 8). Esta cita abre la novela y está impresa sobre la imagen de una botella invertida de Coca-Cola. El relato transcurre durante el primero de abril, fecha de la dimisión de Jânio Quadros y de la victoria de los militares en 1964; la inscripción en esa precisa coyuntura da anclaje político a un texto en el que, al mismo tiempo, se cruzan personajes llamados Tyrone Power o Erika Sommer.

Esta selva nominativa no nos asegura el mundo conocido que podría esperarse de nombres como Coca-Cola, Hemingway o Catherine Deneuve porque éstos no responden a las identidades esperadas, se han desplazado y perdido su fascinación mediática. Baudrillard sostiene que el poder del cine se debe a su mito porque «en el corazón del mito cinematográfico, reside la seducción –la de una gran figura seductora» (1991: 91) que se define por su artificialidad. Sin embargo,

---

[39] Sus novelas posteriores, *Hitler manda Lembranças* (1984) y *Ontem a Noite era 6a Feira* (1988), son consideradas por Isabelle Stroun como «la salida del ciclo de Coca-Cola». La autora encuentra en ellas un cambio de función de los elementos de la cultura pop. No comparto totalmente esta perspectiva aunque reconozco una notable disminución en estas novelas del uso de las formas visuales.

aunque la estrella de cine o el personaje carismático (como Kennedy) ingresan a estas novelas en tanto son mitos, su aura paradójicamente se diluye allí y pierden su encanto mediático[40].

El cuento «Objetos pertencentes a Fernando B, misteriosamente desaparecido» de *A morte de D.J. em Paris* es ejemplar: sólo podemos conocer al hombre desaparecido por medio del inventario de sus objetos. El vacío de identidad lo cubren marcas y nombres famosos: la foto de «Catherine D.» reemplaza en un pedido de captura a las de las sospechosas del asesinato. El signo (la foto) no responde al objeto (la actriz) y nos remite a otras identidades, tan desconocidas e inapresables como la del protagonista. Es imposible resolver el probable crimen, su causa y autor/es; la supuesta transparencia de objetos y nombres fracasa del mismo modo que fracasa la búsqueda policial. Otra vez, como en Lichtenstein, se quiebra la identificación con un mundo que se va volviendo confuso, inquietante y opuesto a la seguridad que promete la sociedad de consumo.

El cuento «Doia na janela», también de *A morte de D.J. em Paris*, puede leerse como una metáfora –o una sinécdoque– de la relación que establecen los textos de Drummond con la cultura de masas: «Dôia gostava de olhar o anúncio luminoso da Coca-Cola e certas noites o único consolo de Dôia era aquela garrafa enchendo um copo de Coca-Cola» (1975: 21). Pero la protagonista está encerrada en una clínica psiquiátrica y desde la ventana, su vida, su experiencia y hasta sus alucinaciones se definen por propagandas y marcas. Su visión de la crucifixión de Cristo lo transforma en un hombre parecido a Robert Redford, con pantalones Lee y zapatillas Adidas a quien dan en la cruz una botella de Coca-Cola. El mundo de la protagonista se ha reducido a una ventana que muestra un espacio mediático

---

[40] Este trabajo con el mito por excelencia de la cultura de masas, la estrella de cine, se reitera con las mismas características de pérdida del aura en *Panamérica* del brasileño José Agrippino de Paula (1988) y, como se verá en el siguiente apartado, en *Con M de Marilyn* del mexicano Rafael Ramírez Heredia (1997).

seductor y decepcionante a la vez. Del mismo modo, en el cuento que da título al libro –«A morte de D. J. em Paris»– el protagonista funda su propia París de papel, posters y fotos en el sótano de la casa en que vive. Es decir, ha construido un ámbito imaginario, ilusorio, donde lo real y lo falso se confunden. Como en diversas formas de la cultura de masas, el personaje vive la ilusión de una posesión y el artificio en que se encuentra sumergido lo convierte en espectáculo. El episodio funciona como sinécdoque del modo en que el relato trabaja lo masivo: apropiación que rápidamente se desfamiliariza y vuelve extraños los signos cotidianos de esa cultura.

Los textos de Drummond se asocian especialmente con los cuadros de Lichtenstein por la fuerte presencia de la gráfica. Los dibujos no actúan en ellos como las ilustraciones en los textos infantiles o en las ediciones de relatos populares, donde su función es facilitar la lectura y evitar la monotonía de lo escrito, alimentar el imaginario del lector y reforzar su conocimiento de los clisés del género al que pertenece el relato.

Los dibujos en Drummond, con fuertes marcas de la historieta y del diseño de publicidad, se integran al relato, *son* relatos en sí mismos. El poster que acompaña *O dia em que Ernest Hemingway morreu crucificado* –realizado por Elifas Andreato– contiene y destruye, a la vez, todos los signos característicos de esa forma mediática: los rostros de Kennedy y de Marilyn Monroe se pierden entre otros menos familiares y entre elementos «sueltos» (bocas, zapatos, animales) inexplicables fuera del contexto de la novela. La primera función del poster, su mensaje claro y reconocible que tiende a la identificación del consumidor, se disuelve. La tapa, también diseñada por Andreato, resume y duplica la estética de Drummond: una botella de Coca-Cola invertida es a la vez una cruz donde un Cristo se desangra en los mismos tonos que la gaseosa derramada; el recuadro lo comparte la conocida imagen de Marilyn Monroe con las faldas al viento de la película «La comezón del séptimo año». A su vez, esta tapa está basada en el conocido cuadro de Salvador Dalí «Corpus Hypercubus»[41]. La imagen es cita y fusión de dos culturas; apela a la forma mediática pero deshace su atracción, descontextualizándola, construyendo un montaje de figuras en la que ya no puede reconocerse su condición seductora.

Las ilustraciones reiteran el mismo procedimiento de los textos: impactan, seducen con la presencia de lo conocido y consumido por el lector pero introducen alguna diferencia inquietante. En esas formas hiperrealistas, en las caras reconocibles de actores o personajes de historietas, en los símbolos del imaginario mediático, surge de pronto el elemento extraño que quiebra la identificación e introduce la diferencia. La «decepción» sufrida recuerda a aquellos cuadros de Lichtenstein en que se frustra nuestra esperanza de seguir una historia, conocer «qué y a quién le ha pasado algo». En estas ilustraciones que son puras citas de códigos, la zapatilla Adidas está rota, la camisa de marca tiene un agujero de bala a la altura del pecho, la bella muchacha con reminiscencias de Greta Garbo lleva una dentadura postiza en la mano y de la botella de Coca-Cola surge un chorro que parece sangre.

Se ha abierto ese espacio de la diferencia y las estrategias seductoras iniciadas por los textos terminan en la decepción de lo esperado por el lector. No hay reconocimiento tranquilizador ni puro consumo. El texto, el cuadro, nos han atrapado, han mantenido un juego de postergación y establecido un espacio diferente. Es en ese espacio decepcionante y placentero a la vez en donde estas obras se politizan.

La especial función que adquiere en Drummond la imagen de la botella de Coca-Cola remite también a Cildo Meireles, el plástico

---

[41] Una segunda tapa –interna– está compuesta con fotos de personalidades muy conocidas. El texto insiste en recordar la actualidad de los objetos y los personajes mencionados –y su rápida desactualización, propia de la cultura de consumo–. Mick Jagger, Dalí o Fidel Castro comparten el mismo espacio y se banalizan a la vez que son índices de la coyuntura política que trabaja el texto.

brasileño que en 1970 presentó sus *Inserções em circuitos ideológicos*[42]. En estas «inserciones» se grababa en las botellas de Coca-Cola información y opiniones críticas y se las devolvía a la circulación; para ello se usaba un proceso por el cual cuando la botella estaba llena se volvía visible la inscripción contra el fondo oscuro del líquido. De este modo el objeto dejaba de ser una crítica irónica de la sociedad de consumo para convertirse él mismo en portador de una estrategia que proponía el proyecto conceptual del autor. Dos puntos de intersección se presentan entre las dos producciones: ambas apelan a uno de los objetos más populares de la cultura de consumo, el signo por excelencia de la era capitalista y de lo masivo, la botella de Coca-Cola. Y en ambos ese objeto totalmente incorporado a la vida cotidiana se vuelve extraño y se distancia, aunque conserva su condición reconocible de producto seriado. La diferencia consiste en que exige otra forma de consumo, ubica al espectador en un territorio ambiguo entre el reconocimiento y la extrañeza. Al insertarse en otros «circuitos» opera de modo doble: remite a su condición original y es ya otro objeto, artístico y masivo *a la vez* en la medida en que pertenece y se diferencia de ambas zonas simultáneamente. Nos atrae en él nuestra familiaridad con el producto, nos seduce con la promesa de confirmar lo esperable y *a la vez* nos propone «otra cosa». Entre el placer de lo conocido y la sorpresa de su transformación se construye la nueva forma que es en Meireles un proyecto cultural y político[43].

Podría citarse otra vez a Baudrillard y su definición de la seducción como «la forma informal de lo político» (1991: 170). Sus estrategias

---

[42] Debo a Efraín Barradas la información sobre Meireles que me permitió encontrar otro vínculo con la plástica en la producción de Drummond.

[43] «Es bueno que se diga que cualquier interferencia en ese campo [estético], es necesariamente una interferencia política. Porque si la estética fundamenta el arte, es la política quien fundamenta la cultura» Citado en el catálogo «Cildo Meireles» para la exposición de Meireles en Valencia (Instituto Valenciano de Arte Moderno, 1995).

necesitan de la postergación y la decepción para triunfar: ese juego crea una «zona» en la que esta literatura constituye su propia forma de politización. Son obras que parecen elaborar más nítidamente que cualquier otra una respuesta a la posición adorniana; en cierto modo cierran la discusión y las dicotomías impuestas. Ya no se trata de que el contacto con la cultura de masas produzca fatalmente alienación o consolación despolitizada como único resultado: seducir para decepcionar y «abandonar» permite establecer otras reglas de juego y otros modos de inserción de lo político.

Seducido por el género: la pasión por las fórmulas

Un relato como *El vampiro de la colonia Roma* de Luis Zapata leído desde y después de Puig resulta un punto interesante del contacto y fusión con las formas masivas y es también un índice de los recorridos, las redes, que los textos postulan. *El vampiro...* establece sus filiaciones, las expone y traza una línea de «adhesiones» que lo definen.

Atravesada por boleros, películas y clisés la novela remite de inmediato a la estética de los relatos de Manuel Puig y de las películas de Pedro Almodóvar. *Camp*, códigos de la cultura de masas, *kitsch* y mal gusto se entrecruzan en ese mónologo/diálogo del protagonista. La narrativa de Zapata se constituye a partir de esta «fórmula» e incorpora las «historias de amor» pero –claro– lejos de la tradición rosa. Amor, pasión, romance y boleros parecen dominar sus relatos *Ese amor que hasta ayer nos quemaba*, *En jirones*, *La más fuerte pasión*.

El vampiro también señala en su grafía y en su modo de organizar el espacio el cruce y fusión de las dos culturas, «alta y baja». El intento de reproducir la credibilidad fonética de un relato que se plantea como un conjunto de cintas grabadas parece apuntar directamente a esas formas masivas y a su cualidad reproductiva[44]. Un efecto engañoso de conversación «verdadera» –anterior a toda manipulación del entrevistador– se une al efecto visual producido por la «reproducción gráfica» supuestamente fiel. Sin embargo, esa misma grafía con espacios en blanco que sustituyen la puntuación y eliminan las mayúsculas recuerda los textos experimentales con la constante autorreferencia a su condición de escritura. De modo paradójico, el mismo procedimiento apunta a las dos culturas y las representa a ambas: une el intento de máxima transparencia periodística y atrae la atención hacia el aspecto material y espacial del texto.

A la vez, es notorio –en *El vampiro...* y *En jirones*, especialmente– que los relatos recogen la tradición picaresca y se incluyen en ella. Esta inclusión genera un movimiento complejo: por una parte, retoma una tradición española prestigiosa pero muy popular (la picaresca es de hecho una de las formas tradicionales de contacto con la cultura popular, además de ser un género, en su origen, anticanónico y enfrentado a la novela de caballería). Al mismo tiempo deja establecido su vínculo con uno de los primeros hitos de la literatura latinoamericana en el siglo XX que propone el contacto con las formas masivas: *El juguete rabioso* (1926) de Roberto Arlt. La novela de Zapata traza entonces una red que une a Arlt con Puig, Almodóvar y la estética *camp*. Vincular una forma claramente deudora de Puig con la tradición retomada por Arlt significa leerlos compartiendo un mismo gesto de contacto con las formas «bajas» y de recuperación de márgenes hasta entonces excluidos de la literatura. Pero también implica retomar, a través de Arlt, un género que difícilmente se asocia con la cultura de masas de este fin de siglo. Como se sabe, *El juguete rabioso* entrecruza folletín, relato de bandoleros y picaresca

---

[44] «... ¿contarte mi vida?   y ¿para qué?   ¿a quién le puede interesar?» (1979: 15), «vas a decir que todo lo que te estoy platicando es falso» (46), «ya se está acabando la cinta ¿no? [...] mejor cámbiala ¿no?» (159), «y ora sí ya apágale ¿no?» (223).

en su construcción[45]. Formas de la cultura popular que constituyen un relato de iniciación en pleno apogeo de la vanguardia histórica, y conforman un texto que abre otra manera de entender la transgresión y la ruptura. Arlt realiza en los años veinte el mismo movimiento que Puig en los sesenta: cuestionamiento de los límites del sistema literario e inserción en él de formas «bajas», desprestigiadas; deja así establecido un modo de apropiación de esa cultura que será una constante a lo largo del siglo. Por eso, Arlt y Puig confluyen en Zapata, con quien comparten las mismas estrategias de seducción y traición. Silvio Astier, el personaje de *El juguete rabioso* –como más tarde los de Manuel Puig– constituye su identidad a partir de estereotipos. El folletín, la picaresca, el sainete, organizan su discurso, del que un eje esencial para la lectura es la traición –según Oscar Masotta señala en su ya clásico estudio *Sexo y traición en Roberto Arlt*. Ésta puede ser leída también como «traición» del texto a todos los géneros populares que usa, distanciándose y fundando así un nuevo modo de vincularse con ellos. En este sentido es que pueden considerarse los epígrafes de *En jirones*: un fragmento de una canción de Roberto Carlos («Fiera herida»), que remite a la estética *kitsch* y al *camp* con su regodeo por formas musicales como los boleros, y una cita de *El juguete rabioso*. La cita aislada parece aludir al tópico amoroso, pero corresponde al último capítulo y al momento en que el protagonista prepara su *traición* al amigo[46]. Confluyen así en este epígrafe el homenaje a un texto y un autor claves en la relación con las formas «bajas», la alusión

---

[45] Es numerosa y ya clásica la crítica que ha tocado estos puntos en Arlt. A título de ejemplo, véase *El texto y sus voces* de Enrique Pezzoni (1986) y *Literatura argentina y realidad política* de David Viñas (1971).

[46] «El recuerdo, semejante a un diente podrido, estaría en mí, y su hedor me enturbiaría todas las fragancias de la tierra… » (Arlt 1958: 125). El recuerdo no corresponde a ningún amor perdido, como podría suponerse por la lectura de *En jirones*, sino a la traición cometida.

a un *modo* de relación con esas formas y la remisión a la propia novela más nítidamente picaresca, *El vampiro de la colonia Roma*.

El vampiro... podría leerse como una versión «posmoderna» del género. Más allá de las dificultades de clasificación que la picaresca presenta, la novela de Zapata cumple con numerosos rasgos que la mayoría de los críticos están de acuerdo en atribuirle a la forma canónica[47]. Las semejanzas (estructura, narrador autobiográfico, etcétera) subrayan al mismo tiempo una diferencia máxima: la vida picaresca con sus cambios de amos y trabajos se ha desplazado a la vida de un homosexual que ejerce la prostitución. La cadena de amos ha sido reemplazada por la de amantes y protectores. Esta distinción establece un distancia notable con los textos canónicos españoles, en los que este tema está siempre soslayado, pero, en cambio, refuerza el vínculo con la novela de Arlt ya mencionada. En efecto, es en *El juguete rabioso* donde aparece por primera vez la representación de un homosexual en un relato picaresco. Si la cita de Arlt abre *En jirones*, *El vampiro* insiste en esa filiación: retoma ese personaje que en *El juguete rabioso* sólo se cruza con el protagonista una vez; lo desarrolla y lo convierte en el eje del relato.

El diálogo con la tradición estructura el texto: citas del *Lazarillo de Tormes* y de *El Periquillo Sarniento* de Lizardi abren el *Vampiro* y los primeros capítulos. El movimiento de incorporación y distanciamiento ya queda diseñado: apertura del relato con los iniciadores del género en España y Latinoamérica y diferencia con el canon a partir de la filiación con Arlt, quien recupera la forma para la literatura en el siglo XX. Donde más nítido resulta este intercambio es en los epígrafes de cada capítulo (de cada «cinta»). Fragmentos del texto son comentados, aclarados, confirmados por las citas de los clásicos; particular-

---

[47] Señala Alicia Covarrubias: «Adonis tiene las características del pícaro adaptadas a una geografía y una época diferentes de las que originaron el modelo» (1994: 185). Véanse también Santos Torres-Rosado 1991 y Didier Jaén 1987.

mente importante es en esta relación el epígrafe de *El Buscón* que inicia la última cinta. Corresponde al final del texto de Quevedo y como en él, la ausencia de reconciliación con el mundo que sufre el personaje genera una salida o huida a otro espacio[48]. El problema de la «salida» del ámbito picaresco, de su adecuación o no a otra vida, se resuelve de modos distintos en el género. *El vampiro...* parece continuar a *El Buscón* en su imposibilidad de inserción en otro «mundo», pero al elidir la frase que cierra el texto de Quevedo vuelve más ambiguo el posible fracaso del protagonista. El último capítulo de *El vampiro* juega con la contradicción implícita en esa posible salida: el fragmento final se inicia con una apertura a «otra vida» presuntamente exitosa:

> se inició otra etapa de mi vida   pero ps ésa ya la dejamos para otra ocasión ¿no?   para otro libro   empezó una nueva etapa de mi vida diferente ¿ves? [...] me daba chance de pensar así como con más alejamiento en lo que había sido mi vida antes [...] y descubrí muchas cosas   me di cuenta de que   ps no sé   de que sí la estaba haciendo ¿no?   de que sí la estoy haciendo   de que en realidad hago lo que quiero y cuando quiero   y eso   ps yo creo que eso es la felicidad ¿no? (1979: 218).

Sin embargo, el cierre clausura toda esperanza:

> el otro día leí en el periódico que una persona había entrado en contacto con seres extraterrestres y se había ido con ellos [...] me cae que yo sí me iba   me cae que no lo pensaba dos veces   dejaría todo tirado así   sin llevarme nada que me recordara este mundo   chance

---

[48] «Yo que vi que duraba mucho este negocio y más la fortuna en perseguirme –no de escarmentado, que no soy tan cuerdo, sino de cansado, como obstinado pecador–, determiné [...] de pasarme a las Indias [...] por ver si mudando mundo y tierras, mejoraría mi suerte». El epígrafe no incluye la última frase del texto de Quevedo: «Y fueme peor [...] pues nunca mejora su estado quien muda solamente de lugar, y no de vida y costumbres» (1996: 195).

hasta me iría desnudo como nací para que ni la ropa me hiciera pensar en lo que era antes y entonces sí "adiós mundo cruel" como dice la canción […] y pediría un deseo que no volviera nunca pero nunca por ningún motivo a este pinche mundo (1979: 222-223).

La cita corresponde al final de la novela: ya no parece quedar espacio posible para el protagonista, la marginalidad y el fracaso se resuelven en una huida imaginaria a través de múltiples clisés de la cultura de masas. La «salida» a otro mundo –literalmente en este caso– apelando al imaginario popular sobre los extraterrestres –«algún ser verde o amarillo de piel gelatinosa…» (1979: 222)– se corresponde con el «pasarme a Indias» del Buscón, y con el elusivo y muy discutido «Y salí» que cierra *El juguete rabioso*[49]. Si en estos relatos el pasaje, la salida o huida, aunque destinada al fracaso, es hacia un ámbito imaginado como más propicio, en *El vampiro* no parece quedar lugar alguno donde el protagonista pueda «mejorar su suerte»: «me dan ganas de largarme pero luego digo ¿largarme a dónde? a dónde me podría largar que fuera diferente…» (1979: 219).

Adonis García, como otros pícaros del canon, intenta desde el comienzo «salidas» que se dan en la forma de desplazamientos, partidas y regresos, mudanzas y recorridos a través de la ciudad[50]. De este modo, la novela expande y transforma uno de los elementos que caracterizan a la picaresca española como es la incorporación de la

---

[49] Se ha debatido mucho sobre ese cierre: Silvio Astier, como personaje picaresco, «sale» a otra vida luego de su traición. Ese salir implica el abandono del mundo de bandoleros y pícaros y un ingreso al del trabajo, pero si se sigue la lógica del texto, al protagonista no le esperan en este nuevo ámbito más que humillación y fracaso.

[50] Estos pueden ser «reales»: «y mientras se iban alejando poco a poco las lucecitas de la ciudad nosotros pensábamos que allá sí triunfaríamos que allá sí la haríamos» (38); o imaginarios, a través de la droga: «la mota… lo más importante era que te permitía alejarte de todo» (140) o el sueño: «mi sueño en el que me voy y me voy y me voy y no puedo regresar» (141).

«violenta y engañosa realidad de la vida urbana» (Dunn 1993: 303). El relato de Zapata dibuja con mucha precisión los espacios reconocibles de la capital mexicana: Adonis recorre colonias, calles, restaurantes Sanborn's, y es en ese único ámbito plagado de signos de la cultura de masas donde el protagonista se encuentra integrado: «empecé a salir muchísimo a la calle [...] me sentía fascinado por la ciudad», «en aquella época no nomás la ciudad me fascinaba también la gente...» (1979: 200-208). En este sentido, su vínculo con la ciudad remite a narrativas también íntimamente ligadas a los medios masivos, que hacen de lo urbano su escenario indispensable[51].

La adecuación del personaje a la ciudad y a sus signos mediáticos contrasta con la imposibilidad de ajustarse al sistema y a sus instituciones. Es en este punto donde el código de la picaresca se entrecruza con el de la cultura de masas; como en el resto de la narrativa tratada en este libro, la identidad y el imaginario del protagonista se ha moldeado en esa cultura. Por eso resulta fundamental la adopción de la perspectiva del héroe picaresco: del mismo modo que en el caso de la narradora en el cuento de Ana L. Vega tratado en este capítulo, lo que conforma el centro de interés del relato es que sea *su* punto de vista particular sobre sí mismo y el mundo. Como Bajtin señala a propósito de Dostoievski: «No estamos viendo quién es el héroe sino cómo se reconoce, y nuestra visión artística ya no se enfrenta a su realidad sino a la pura función de reconocimiento de esta realidad por él» (1986: 73).

Lo mismo ocurre con Adonis García: identidad e imaginario del narrador/protagonista se conforman en el cruce de medios masivos y subjetividad homosexual; ambos términos se confunden en algunas escenas y definen la perspectiva del personaje y la estética del relato.

---

[51] Zapata conecta a través de este elemento dos narrativas constituidas *por* la cultura de masas como son la literatura de la Onda, que se dio en los sesenta en México, y el muy reciente «grupo McOndo». Remito al tercer apartado del capítulo IV, donde se analiza este último.

Por una parte, la cultura mediática lo explica y define; a través de ella, como en «Pasión de historia», se puede comparar y describir el mundo[52]. Pero, sobre todo, su sexualidad «diferente»[53] está ligada a la cultura de la imagen; sexo y cine se articulan en su iniciación sexual y en su definición como sujeto:

> me metía a los cines [...] me gustaba mucho estar ahí me sentía diferente   me olvidaba de todo [...] yo creo que desde entonces me nació la afición por el cine   mi gusto por estar en los cines   aunque ahora sea para otras cosas ¿verdad? [...] me volví otro   aunque parezca telenovela (1979: 25-45).

Adonis García se constituye entonces como sujeto en el punto de cruce entre homosexualidad y estética *camp*. Esta ligazón, más allá de corroborar posturas mencionadas en el comienzo de este capítulo, es también el espacio donde la inadecuación del personaje picaresco toma un perfil más politizado. El vacío, la carencia, se enuncian: «de repente me puse a pensar en mi vida y se me hizo [...] como que estaba formada por puros huecos ¿no?» (1979: 100) y duplican los espacios en blanco –los huecos– que reemplazan a la puntuación. Ese *vacío gráfico y enunciativo* intenta ser paliado con imágenes *camp* y *kitsch*; el hueco, las fantasías y sueños de castración y fracaso son rápidamente cubiertos por la representaciones mediáticas. Por eso,

---

[52] Los ejemplos son numerosos: «así me imaginaba que vivían ellos [...] por las películas ¿ves? porque uno ve todo eso en las películas y se le queda grabado y cree que así son todas las cosas y las gentes en españa   como en una eterna película de rocío dúrcal» (22); «sintiéndome más francés que maurice chevalier» (120); «lo debo de haber visto en alguna película ¿verdad?   porque se me hace conocido» (195); «como en una desas películas musicales de antes» (196).

[53] El narrador insiste en su diferencia: «me sacaba mucho de onda sentirme diferente» (31) y en su de conflictiva relación consigo mismo: «sentía que no era yo» (170), «en serio era otro» (119), «me propuse hacer de mí un individuo nuevo» (200).

la estatua «en el cine las américas» que Adonis desea para sí lo transforma en un símbolo de la sociedad de consumo y a la vez conjura y completa esos espacios vacíos de su relato y del texto[54].

La ausencia de conformidad del personaje con el mundo no se refiere sólo a su identidad individual, a su sentimiento de otredad y desacuerdo existencial. La experiencia homosexual no sólo está ligada a sus aventuras con amantes y clientes; Adonis en sus recorridas también se confronta con las instituciones más representativas de la nación. En ellas, ese «ser otro», su diferencia, está condenada al fracaso. Entremezcladas con su aventuras amorosas, la escuela, la policía, el hospital, la cárcel, se tornan espacios políticos expulsores que culminan en el fragmento final: la salida a través del imaginario mediático[55]. La partida imposible permitiría alejarse de un mundo marcado por los símbolos más representativos de la nación mexicana:

> llegaron los marcianos y me raptaron y nos fuimos bailando el cha cha cha [...] y adiós ángel de la independencia y adiós caballito y adiós monumento de la revolución [...] y después la república y el continente americano... (1979: 222-223)

Entre los géneros y los medios, el género sexual define su diferencia política. La tradición picaresca se confunde con los signos de la estética *camp*: el Buscón estructura el desencadenamiento de la historia y Adonis se imagina a sí mismo como un personaje, un signo de la

---

[54] «...me iban a hacer una estatua ¿no? [...] podía llegar a ser famoso de nombre nomás y chance y hasta se volvía milagrosa la estatua [...] y luego cuando les hiciera un milagro que colgaran pititos así como a los santos» (112).

[55] «...un chorro de cosas que si te las contara harían que nunca en tu vida volvieras a confiar en un policía, que nunca en tu vida volvieras a sentirte tranquilo en la calle» (88), «en la cárcel [...] les pegan... para no dejar huellas [...] siempre terminan por confesar aunque sean inocentes para que no los sigan madreando» (158).

cultura mediática y *kitsch*[56]. Una cultura que trabaja en el margen y una sexualidad marginada se fusionan en Adonis en un espacio y una coyuntura precisos (la ciudad de México a mediados de los setenta)[57]. El relato articula un nexo entre homosexualidad y política: politiza la marginalidad sexual y lo hace apropiándose de la misma cultura que constituye la identidad del protagonista. En consecuencia, el uso de la estética *camp* y del *kitsch*, dominantes en el texto, contradice las lecturas que los acusan de frívolos y despolitizados; por el contrario, es a través de ellos que se reúnen homosexualidad y política. Como en los otros textos analizados en el presente capítulo, se ha invertido el uso y el sentido atribuidos a las formas masivas: resultan el vehículo a través del cual se propone una posibilidad de politización de la marginalidad sexual.

✧

Todos los relatos considerados (y sus estrategias textuales, desde la lengua en Ana L. Vega a la gráfica en los textos de Drummond) producen como primer efecto el de ser la exaltación de las formas masivas, de su mal gusto y su vulgaridad. Sin embargo, ese gesto puede pensarse como una cita de la otra cultura en la que se cruzan identificación y distancia. Los textos no son lo mismo que aquello que los seduce y en esa diferencia se sostiene su politización. En el fin del siglo xx, lejos ya de las experiencias vanguardistas, *esta literatura repolitiza aquellas formas masivas que fueron leídas como su antítesis*

---

[56] «me subía en la moto [...] y me ponía mis pantalones de cuero negro entalladísimos y mi chamarra también de cuero negro y mis botas y las manos llenas de pulseras ¿no? y demás colguijes [...] era yo todo uno desos "nacidos para perder"» (217).

[57] Doblemente marginal puesto que es de clase baja, de origen inmigrante, huérfano y se ha dedicado a la prostitución.

y encuentra en ellas —usándolas y traicionándolas a la vez— un último potencial utópico-político.

A lo largo de los últimos treinta años del siglo pasado se ha ido consolidando un canon conformado en este complejo juego de tensiones con la cultura de masas; el *camp* y el pop han sido particularmente ejemplares de este proceso, puesto que desde un espacio muy resistido por la «alta» cultura (como lo es toda manifestación ligada al «mal gusto») fueron constituyéndose en formas dominantes en la literatura latinoamericana del presente. *La cita kitsch, la cita del código de consumo, se ha vuelto metáfora de una estética que debate sobre márgenes y cánones en un sistema que siempre la excluyó.* El corpus es ya extenso y por eso algunos relatos, como *Parece que fue ayer* de Denzil Romero, son índices paradigmáticos de cómo se ha ido afirmando esta tradición y haciéndose cada vez más autoconsciente y autorreferencial[58]. La novela de Romero, con su subtítulo «crónica de un happening bolerístico», se incluye en este *corpus* y su imaginario, fuertemente ligado a las estéticas *camp* y pop; forma parte de esta nueva tradición. *Parece que fue ayer* está organizado como si fuera un disco o un casette (lado A y B) y los capítulos ocupan el lugar de los temas («A-6 Los juegos del bolero» o «B-6 Popurri final»). Todo el relato resulta una condensación de citas de la cultura de masas: cine, propagandas, nombres, signos convertidos en clisés (como el sombrero de Bogart), en una sobresignificación que constituye en sí misma otro relato. Pero además se abre con un pequeño «manifiesto» sobre el *camp* constituido por preguntas de Carlos Monsiváis –«Notas del *Camp* en México»– y definiciones de Susan Sontag. Entre este texto y el relato mismo se encuentra la reproducción del bolero «Parece que fue ayer» de Armando Manzanero; apela entonces no sólo a los

---

[58] Lidia Santos registra una gran cantidad de textos en los que «pasión, lágrimas y nostalgia» son «componentes de una subjetividad descalificada por la estética anterior y que emerge con fuerza en la novela contemporánea» (1993: 46).

signos del código masivo sino también a la reflexión sobre la estética que lo constituye. Este movimiento autorreflexivo y metacrítico funciona como un modo de exponer, a la manera de una etiqueta, la pertenencia al nuevo canon.

En el mismo sentido pueden leerse otras novelas y cuentos que parecen preguntarse cómo ligar cine y literatura después de Puig y Zapata: una respuesta la proporciona *Memórias de Hollywood*, una compilación de breves relatos de autores brasileños escritos *a propósito* de ese mundo cinematográfico dominante en las fantasías de varias generaciones[59]. Resulta un homenaje al cine como el más poderoso constructor del imaginario contemporáneo, pero es, sobre todo, una variación en este juego de apropiaciones de la cultura de masas que hace la literatura. Por eso puede también leerse esta colección como un cita y un homenaje a Manuel Puig, en la medida en que estos cuentos dan por sentado ese vínculo con el mundo del cine norteamericano de los cuarenta. El margen que incorporaron los relatos de Puig ya ha sido aquí absorbido y pertenece al canon.

Dos textos mexicanos, la novela de Rafael Ramírez Heredia *Con M de Marilyn* (1997), y los cuentos *La cantante descalza y otros casos oscuros del rock* de Jordi Soler (1998), proponen una interesante transición en este sistema, que culminará en el 2000 con un relato del chileno Alberto Fuguet. Si las estrellas son la ilusión de los personajes de Puig, si la vida puede explicarse con una comparación cinematográfica para los de Zapata, los relatos de Ramírez Heredia y de Soler «acercan» ese mundo de estrellas rutilantes al de los simples mortales. Esta operación es posiblemente la contraria a la realizada en cuentos como «El vampiro» de Quiroga y «Queremos tanto a Glenda» de Cortázar. En éstos, el deseo de aprehender a las estrellas implica

---

[59] La compilación de Julieta de Godoy Ladeira contiene una «galería» de fotografías de estrellas y numerosos cuentos ligados al cine: «Cinema Delícia» de Ricardo Ramos, «O dia em que matamos James Cagney» de Moacyr Scliar, «Divina Marlene» de Edilberto Coutinho, entre otros.

vampirizarlas, matarlas, es decir lograr su inmortalidad en la eterna y lejana repetición de la pantalla a costa de la vida de los actores «reales» en el mundo «real». No se trata entonces de acercarse a ellos sino a su perfección ideal, fijada para siempre en las imágenes; las estrellas, convertidas en efigies, objetos de adoración, quedan tan lejanas e inaccesibles como siempre para el personaje alienado en ellas[60].

Los relatos de Ramírez Heredia y de Soler proponen, aparentemente, una estrategia opuesta: en ambos, las estrellas, los ídolos «descienden» o «salen» de la pantalla para vivir y entremezclarse en la vida cotidiana. El proyecto de «acercamiento a la figura excepcional» es común a los dos volúmenes que, en principio, parecen jugar a acortar distancias con el mito, a dar una versión más cercana de ese típico producto de la cultura de masas. Sin embargo, las escenas refieren anécdotas reiteradas por todos los medios, ya «congeladas», es decir, reescriben sucesos por todos conocidos. Ese anhelo de abarcar, de aprehender a la estrella traduce –traiciona– una necesidad de posesión; contarla «desde cerca» garantizaría poseerla, despojarla de la lejanía propia del mito, pero éste no hace más que reforzarse en ese gesto repetitivo que es su más segura garantía.

Con M de Marilyn narra el encuentro, durante un supuesto viaje a México, de Marilyn Monroe con el protagonista, un fracasado director de cine que jamás pudo filmar una película, que vive de vender droga en los alrededores de los estudios y cuya ex mujer es

---

[60] El cine como devorador, como ilusión fatal, ya se encuentra en estos cuentos de Quiroga y de Cortázar y produce esa pequeña joya calificada por Borges de «trama perfecta» que es *La invención de Morel* de Bioy Casares. Pero en estos autores, el cine es un motivo de reflexión, una alegoría de la capacidad del ser humano para caer esclavo de la esperanza de inmortalidad. Son los textos de Manuel Puig los que incorporan y despliegan otras alternativas; por una parte, Puig reflexiona y explora los aspectos formales, la traducción de las técnicas del cine a la literatura –y esto lo acerca al Cortázar de «Las babas del diablo»– pero sobre todo sus novelas se introducen en el corazón del debate en torno a su condición consoladora, cursi y despolitizada.

una prostituta. Nuestro héroe está obsesionado con la estrella, tiene en su casa en tamaño gigante la ya canónica foto de almanaque de Marilyn, vive rodeado de cine, ronda ese mundo y organiza una estrategia –aparentemente exitosa– para conocerla y llegar a ser su amante. Marilyn ingresa así al mundo cotidiano del protagonista; sin embargo, todos sus movimientos están pautados por clisés, su imagen sigue estando «mediada por los medios». En este sentido es interesante observar cómo la edición de la novela presenta en la tapa una famosa foto de la actriz rodeada de veladoras, flores y corazones, mientras la contratapa reproduce su imagen en el conocido cuadro de Warhol: es decir, el ícono *kitsch* y su transformación en arte *camp* y pop. En cualquier caso, una imagen ya fijada, artificial, definida a través de la cultura de masas: Marilyn se reitera tomando champagne o asistiendo a fiestas con el protagonista. Nunca sabremos si el encuentro es «real» o imaginario; de todos modos es vivido como una película y el texto insiste en esta posibilidad:

> Detenida bajo el quicio de arco de una puerta que a su vez era la entrada al gran set del planeta [...] Los dientes blancos y perfectos. El vestido blanco, de seda, drapeado [...] La más bella del mundo distante apenas en unos metros [...] La Señora de Platino [...] movió con lentitud la cara como si estuviera en *El río sin retorno* y dijo con la voz tan suave que pareciese estar en un parlamento de *La comezón del séptimo año* (Ramírez Heredia 1997: 252-255)

En este punto ficción y «realidad» parecen fundirse; sin embargo, no se han cumplido los anhelos, las ilusiones del protagonista, el supuesto acercamiento no acorta las distancias. A pesar de esta «película eterna», de «esta actuación continua», de haber vivido dentro de una película imaginada, filmada o «real», la historia se cierra con el fracaso y el desconsuelo del protagonista. La muerte de Marilyn clausura toda esperanza de continuar «la relación», se trata de un triste regreso al mundo cotidiano y el final encuentra al héroe viviendo su oscura vida de siempre, despertando de un sueño, en el mismo punto del fracaso inicial, solitario y rodeado de las fotos de la estrella.

La colección de cuentos *La cantante descalza y otros casos oscuros del rock* de Jordi Soler –una de las figuras más notorias de la Generación del Crack en los años noventa[61]– propone una variante de esta relación. Los relatos tienen como protagonistas a ídolos del cine, como Frank Sinatra, o del rock, como Jim Morrison o Elvis Presley, y poseen un tono «documental» que produce en el lector el efecto de estar siguiendo a la estrella «de cerca» en un episodio de su vida. El primer cuento, «El oficio secreto de Elvis Presley», combina cine y rock en un historia ya sin mediaciones de personajes de ficción (o mejor, Elvis es el personaje de ficción): seguimos a Elvis, con su traje púrpura, zapatos blancos, lentes oscuros y una 45 enjoyada, en un viaje a Washington para pedirle a Nixon un carnet nacional de oficial antinarcóticos, similar al que ya le ha dado el sheriff de Memphis. Lo grotesco de la anécdota tiene correlato en la descripción de la estrella y de sus acciones:

> el rey, montando en su Cadillac amarillo, visitaba los lugares donde se tocaba música; y buscaba cualquier rastro que le indicara si habían consumido drogas [...] irrumpía en los camerinos enarbolando la credencial [...] Los músicos, pasmados, no sabían si sorprenderse de la reprimenda o del hecho bizarro de que Elvis Presley usara una identificación para identificarse (Soler 1998: 12).

Nuevamente, acceder a la vida de la estrella, «verla» en los actos comunes de bañarse o de subir a un avión, no reduce la distancia ni acerca al ídolo: por el contrario, lo destruye. Toda la ilusión que

---

[61] Este grupo de escritores mexicanos –la llamada Generación del Crack– puede ser asimilado, al menos en términos generales, por su contacto con la cultura de masas, con el grupo McOndo, del que son contemporáneos.

podría provocar su figura en la pantalla se deshace en la banalidad lamentable de su vida cotidiana.

Si en el universo *camp* o pop de los relatos de Puig las películas que narran Toto o Molina son claramente *kitsch*, en los de Soler y Heredia las estrellas mismas, protagonistas de la «vida real», son *kitsch*, son clisés y no tienen −al igual que sus personajes de la pantalla− profundidad, son puro artificio y exageración. Imposibilitadas de escapar al mito, en ellas todo es representación; los textos las muestran encerradas en el imaginario construido por los medios donde lo privado y lo público se confunde. Actores o héroes de película son una misma cosa y permanecen siempre distantes porque todo acercamiento es desilusión y fracaso en el gesto, indudablemente desencantado, de estos relatos.

Un cuento de Alberto Fuguet, uno de los iniciadores del grupo McOndo, «Más estrellas que en el cielo», incluido en la antología *Se habla español*, puede leerse como el momento culminante de este largo proceso[62]. Subtitulado «cortometraje», la escena inicial en la barra de una cafetería americana nos remite a muchas películas pero, en especial, a la pintura de Edward Hopper y su cuadro «Trasnochadores». El título en inglés, «Nighthawks», puede traducirse también como cazadores o gavilanes nocturnos, y sería igualmente apropiado para el cuento. El cuadro, a su vez, parece reproducir la escena de una película, por su luz artificial y sus personajes que evocan el cine negro de los cuarenta. Es más, este escenario está definido en el texto por «un encuentro» entre Edward Hopper, Tim Burton y David Hockney: «Estamos en un Denny's con pretensiones estéticas. Edward Hopper meets David Hockney con un twist de Tim Burton para darle sabor» (Fuguet 2000:113): cine, pintura y pintura que remite al cine para organizar una «imagen» de la literatura.

---

[62] Remito al último apartado −«Ciudades desiertas: pop y desencanto»− del capítulo IV para la discusión acerca de Fuguet y del grupo McOndo.

Así, «cortometraje» recuerda aquellos textos de Puig subtitulados «folletín» o «novela policial» e invadidos por el imaginario del Hollywood de los años cuarenta; en Fuguet, sin embargo, se ha producido un cambio que sugiere transformaciones en el vínculo con lo masivo, otro modo de apropiarse o, mejor, de fundirse con esa cultura. No se construye el relato con técnicas e imágenes del cine como cita y pastiche, sino que se intenta fusionar formas que exigen del lector actualizar simultáneamente diversos códigos. Los diálogos y las descripciones remiten a imágenes, a imágenes producidas por otras imágenes: pero los nombres no evocan ya la ilusión generada por Rita Hayworth o Marlene Dietrich en las historias de amor de *El beso de la mujer araña*. La ficción se ha fundido con una aparente forma cinematográfica (¿leemos un guión? ¿el relato de una filmación?) que reenvía, a su vez, a la literatura y a la pintura simultáneamente. El artificio, la pura remisión a códigos característicos del pop y base de toda la literatura asociada con la cultura de masas, están aquí tan expuestos como en los cuadros de Hopper, Hockney o Lichtenstein, donde vemos antes que nada la cita de la «otra» cultura reproducida. Lo real se ha vuelto imposible, lo real es quizá la filmación que «vemos» o el guión que leemos. La escena sólo puede «copiar» imágenes conocidas; como dice el relato, «por toda la ciudad hay focos que iluminan el firmamento. Es como el logo de Twentieth Century Fox. Idéntico. Calcado» (Fuguet 2000: 113). El texto opera así, «calca» escenas, las sobreimprime y construye un relato donde «lo real» no evoca un código, sino que *es* puro código. Lo único real es el cine, el cuadro, el guión. No tenemos ya una ficción que cite al cine, sino una ficción que quiere fundirse con él: en la lectura del cuento se superponen entonces las imágenes provenientes de la pintura y las escenas de películas como aquélla que abre *Los asesinos*, basada, a su vez, en el cuento de Hemingway del mismo nombre, que apunta –otra vez– al mencionado cuadro de Hopper.

Escena que reproduce otras escenas, estamos en el corazón de una literatura que se presenta como artificio y cita pero que precisamente en este procedimiento no remite sólo a lo mediático, sino a formas tan «cultas» como el *nouveau roman*. En ese señalar del narrador: «Veo más allá, *fuera de foco*, la disquería» o «está *fuera de cuadro*» (Fuguet 2000: 115-116; énfasis mío), hay ecos de los juegos de planos confundidos entre «verdad/ficción» de los relatos de los años setenta de José Emilio Pacheco, Vicente Leñero o Salvador Elizondo. Una frase como «Jennifer López nos recoge los platos» (Fuguet 2000: 119) remite tanto a los ya conocidos modos de describir y definir situaciones apelando a las comparaciones con la cultura de masas de Ana Lydia Vega o Luis Zapata como a los juegos de puesta en abismo característicos de las novelas experimentales. ¿No será efectivamente Jennifer López, actuando en la película cuyo guión estamos «leyendo»? ¿Será la «escena seis, toma uno. Cafetería Denny's Interior/Noche. Primerísimo primer plano» (Fuguet 2000: 119) que estamos viendo filmar o pintar o vivir?

Las novelas de Puig planteaban el problema de cómo hacer literatura con los diálogos y los mitos cinematográficos; el cuento de Fuguet propone una escritura que traduzca imágenes o se constituya a partir de imágenes, ellas mismas traducción y cruce de diverso origen. Por una parte, reconocemos el mismo gesto que en sus antecesores, la cita de la forma mediática construye la narración; sin embargo, este gesto parece tan canonizado que el relato desplaza el foco hacia aquellas formas artísticas que ya han asimilado e incorporado los productos de ese imaginario, como es el caso de la pintura de Hopper y de Hockney o el cine de Burton. Por esa misma razón el texto transforma en desencanto la fascinación que tenían los protagonistas de Puig o Zapata por el aura de las estrellas cinematográficas: fracasados del sistema, los personajes de Fuguet nos devuelven «desde adentro» del guión, de la escena o de la película la imposibilidad de la ilusión, el desconsuelo de una derrota: así es que el narrador descubre que haber apostado a la cultura mediática norteamericana, encontrarse en el corazón de Hollywood de nada le ha servido, porque ya «no hay más estrellas en el cielo», como comprueba antes de la palabra «Fin».

☙

Un cuento de Rubem Fonseca resulta el epílogo ideal para este debate acerca de cómo la literatura juega con las formas del *kitsch* y del *camp*. Al igual que los casos mencionados anteriormente, es un ejercicio de autorreflexión y puede vérselo como una «puesta en abismo invertida» de la relación literatura/cultura de masas. «Corações solitários» de la colección *Feliz Ano Novo* acumula códigos masivos: es un relato con algo de policial, de historia de amor, de misterio, de *kitsch*, de estética *camp*[63]. A la vez, la trama reitera esta aleación: su protagonista trabajaba en «um jornal popular como repórter de polícia» (1975: 33) y comienza a colaborar en una revista femenina plagada de «Fotonovela, horóscopo, entrevistas com artistas da televisão, corte-e-costura» (1975: 34), donde se ocupa del consultorio sentimental resuelto por el simple arte de enlazar clisés. Esta combinación organiza una historia de ambigüedad sexual, travestismo y humor ya casi canónica desde la estética *camp*.

Más allá de esta sobreacumulación de elementos masivos, el relato dramatiza el vínculo entre ambas culturas y juega con el contacto y transformación entre ellas. El protagonista también escribe fotonovelas y para ello apela a fórmulas: mezcla y transforma –«Era só chupar uma ideia aqui, outra ali, e pronto» (1975: 40)–. La diferencia –y la inversión– está en que construye esas historias apropiándose, transformando y mezclando los clásicos literarios. *Edipo Rey* y *Romeo*

---

[63] Con esta acumulación en la que se incorporan el romance, la fotonovela, el relato sentimental, el cuento se articula en conexión con otra red de la relación cultura de masas/literatura, la que se entabla en el primer apartado del siguiente capítulo.

y Julieta se fusionan en una telenovela; con O'Neill, Ibsen y Becket se puede construir otra. Este trabajo con el canon universal remeda e invierte el que realiza la literatura con las fórmulas masivas y del cual los textos del mismo Fonseca son un ejemplo. La representación de estas relaciones y préstamos pone en escena el vínculo entre ambas culturas, el permanente nexo e intercambio entre ellas. El relato resulta así un juego humorístico que exaspera simultáneamente sus múltiples alternativas. Pero este ejercicio autorrepresentativo es también un signo del nuevo espacio conseguido por esta narrativa. La autorreflexión –como en el caso del género policial–, la cita del propio código, sólo es posible cuando éste ya puede reconocerse como canon y un amplio conjunto de textos se leen a partir de él.

Capítulo IV

Entre el placer y la decepción.
Romance, melodrama y rock & roll

Entre dos aparentes extremos, este último capítulo reúne formas a primera vista muy disímiles: por una parte, dos textos muy conocidos, ligados a géneros como la novela rosa o el relato erótico y siempre citados cuando se habla de la presencia de la cultura de masas en la «alta literatura»; por otra, la narrativa McOndo, en las antípodas del romance y vinculada a la «cultura joven» de las últimas décadas. Sin embargo, tienen en común ser en algún sentido *formas límites* de la relación o el uso de la cultura de masas. *La tía Julia y el escribidor* de Mario Vargas Llosa y *La misteriosa desaparición de la Marquesita de Loria* de José Donoso, como otros textos en contacto con las fórmulas «bajas», han sido leídos como espacios desde donde se ejercita una mirada paródica hacia esa cultura. A su vez, se acusa a los relatos McOndo de una total fusión con lo mediático y por lo tanto de ser muy poco literarios.

Sin embargo, su interés y su condición *excesiva* dependen en todos ellos de su capacidad para exponer el debate entre las dos culturas y para llevar a primer plano la discusión en torno a los modos de apropiación, uso y fusión con lo masivo.

En primer término, los textos de Vargas Llosa y de Donoso son índices de esa expansión, ya mencionada en capítulos anteriores, del uso de las formas masivas característica de las últimas décadas del siglo XX. Ambos autores son conocidos como notorios narradores del *boom* y sus novelas de ese período son paradigmáticas del proyecto renovador y neovanguardista de los años sesenta. Sin embargo, escriben en el filo de los ochenta dos relatos atravesados por formas mediáticas; de algún modo juegan en ese margen y participan del proceso de canonización de esa cultura. El giro hacia las fórmulas «bajas» en autores pertenecientes a una literatura ya consagrada funciona como signo de esta tendencia dominante, y puede ser leído como punto de referencia de este proceso.

El capítulo intenta entonces dar cuenta, en primer lugar, de dos relatos ejemplares de ese acentuado viraje hacia la cultura de masas producido en los últimos treinta años del siglo pasado. La novela de Vargas Llosa, por otra parte, se incorpora a cadenas de relaciones ya establecidas en el capítulo III: *kitsch* y melodrama son aquí dos componentes básicos del relato. El texto de Donoso, leído tantas veces como paródico, es un complejo juego de transacciones y exploración de posibilidades en los vínculos entre las dos culturas.

El último apartado es posiblemente «un cierre inevitable», es decir, puede leerse la narrativa McOndo como la culminación de un extenso período de contactos con la cultura de masas. De algún modo, condensa y transforma una larga historia, funciona como un marco que recoge esa tradición, la incorpora y al mismo tiempo expone su diferencia. Las contradicciones y tensiones legibles en los textos anteriores parecen desaparecer: se entablan entonces nuevas estrategias de apropiación con las que se clausura –al menos provisionalmente– esta cadena de filiaciones.

El engañoso seductor

La tía Julia y el escribidor (1977) es un caso especial en el contexto de este estudio en la medida en que resulta un compendio de los debates planteados porque dramatiza el vínculo entre las dos culturas: se trata de un relato que hace de las representaciones de esa relación su objeto. La novela tematiza el contacto y los conflictos entre lo mediático y la literatura de un modo mucho más complejo y ambiguo que el de una parodia. Es decir, toda la seducción y distancia, la tensión y fusión ya planteadas se ponen en escena a través de un relato de amor entrecruzado por numerosos códigos populares. Semejante concentración de los tópicos discutidos en los capítulos anteriores convierte al texto en un paradigma: leer *La tía Julia...* es leer un resumen de las discusiones que han sido tratadas hasta aquí; no sólo se define esa cultura «baja» y se problematiza su nexo con la «alta», sino que el relato también supone un modo de resolución de ese vínculo. A primera vista la organización externa presenta al lector un relato dividido en dos, claramente escindidos los fragmentos «bajos» del radioteatro de Camacho de la historia de amor del narrador. Sin embargo, esa división tajante resulta constantemente cuestionada y a la vez reafirmada en un juego de antinomias que reitera el elusivo lugar de la escritura en el relato y la lucha entre ambas formas culturales.

En este sentido, el último capítulo, al romper la simetría que ordena la sucesión en fragmentos pertenecientes a las historias de Camacho o del narrador Mario clausura ese juego; ese capítulo final cierra la historia años después, destruye el equilibrio entre los dos «escribas» y produce cambios significativos. En él se define el lugar desde el cual el relato enuncia y parece borrarse la ambigüedad de los vínculos entre las dos culturas, es decir, narrador y texto se distancian y se diferencian claramente de la producción de Camacho. Este *doble juego* exaspera y lleva al límite las contradicciones de la relación «alto/bajo», y es lo que hace a la novela particularmente interesante para este trabajo.

La tía Julia... es, como otros textos construidos en contacto y tensión con la «otra» cultura, un compendio de géneros: además de melodrama, radioteatro y novela rosa o de amor, es un relato de iniciación al sexo y a la literatura que remite de inmediato a Roberto

Arlt y a Luis Zapata[1]. Se incluye entonces en esa cadena que articula estos géneros entre sí y se enlaza con las estéticas del mal gusto. De hecho, la historia de amor siempre está «contaminada» por el *kitsch*, y éste es el punto donde el relato de Zapata puede ligarse con el de Vargas Llosa: presencia de esa estética en un texto atravesado también por los códigos del melodrama, el romance, la novela de aprendizaje. El modo de resolver este lazo será, desde luego, muy diferente al de *El vampiro de la colonia Roma*.

Como se sabe, sentimentalidad y mal gusto son dos elementos frecuentemente unidos[2]; «lo *kitsch*» suele medirse en los relatos de amor por la trivialidad de las asociaciones y sentimientos y por la reducción al estereotipo[3]. El lugar común, el clisé sobre las experiencias emocionales, es uno de los elementos más reconocibles en los productos de consumo masivo como el teleteatro. No hay en *La tía Julia...* abierta aceptación ni regodeo en ese «mal gusto» a la manera de las formas *camp*. En esto, como en todo lo referido a la «cultura baja», la novela toma el elusivo camino de apropiarse y distanciarse expresamente y al mismo tiempo de los elementos *kitsch*[4]. Juega con ese «peligro», se deja atraer y se aleja, movimiento que se reitera en todos sus vínculos con lo masivo.

---

[1] Véase el capítulo III, en especial la sección «Seducido por el género: la pasión de las fórmulas».

[2] Véase Herget (ed.) 1991.

[3] «La heroína no vive simplemente al borde del mar, sino en una casa blanca bajo pinos perfumados, al borde de un mar plateado, bajo la luz de la luna [...] Es un *arte literario del estereotipo* [...] El *kitsch* se mediría por el *grado de trivialidad* de sus asociaciones» (Moles 1990: 121-122; énfasis del original).

[4] Es ejemplar la siguiente cita: «–Lo que me importa es que van a separarnos y no te podré ver nunca más. –Eso es huachafo y no se puede decir de ese modo» (1977: 279). El texto, a través del diálogo de los protagonistas, discute y comenta, en el mismo momento en que lo emplea, el peligro del uso *kitsch* en el registro del romance.

En los estudios sobre *La tía Julia...* predominan los enfoques que analizan el uso de la cultura de masas[5] –en particular su aspecto paródico[6]– y las lecturas que acentúan su condición de relato de iniciación a la literatura[7]. Me interesa aquí en particular cómo se entrelazan ambas líneas en la medida en que el eje escritor/escriba articula tanto el vínculo entre las dos culturas como el debate en torno a la «construcción» del intelectual, que se define como tal a partir justamente de la oposición forma mediática *versus* literatura.

Sobre ese eje se sostiene también la ambigüedad que el relato alimenta entre narrador y autor, dado que, como señala Castro-Klaren, la autobiografía es el otro género implícito en este relato de iniciación[8]. Es particularmente evidente el juego con el nombre y los datos biográficos del autor real; por eso, el «yo» narrador explota la posibilidad de confusión con el autor Vargas Llosa y los lectores tendemos a asimilar a ambos[9]. Se introduce así un «género» periodístico de alto

---

[5] Philip Swanson (1995) encuentra una similaridad entre esta novela de Vargas Llosa y el Puig de *El beso de la mujer araña* en el modo de plantear la relación entre alta y baja cultura. A pesar de la importancia que le otorga a la voz narrativa y autoral no ve las diferencias –precisamente a través de la figura del narrador– en el uso de las formas masivas que distinguen a ambos autores.

[6] En relación a este enfoque, Sara Castro-Klaren sostiene que «*La tía Julia y el escribidor* entrelaza dos hilos ya previamente explorados: autobiografía y la parodia» (1988: 107). M. Solotorevsky (1988) considera que los dos personajes encarnan los niveles literarios y paraliterarios; en éste último, que corresponde a los fragmentos de Camacho, lee el sistema hiperbólico como parodia del género radioteatral.

[7] Es muy considerable la bibliografía acumulada sobre Vargas Llosa y en particular sobre esta novela; entre los trabajos que la estudian como un relato de iniciación, véase el de Carlos Alonso, quien analiza «la parábola de cómo se forma un escritor» (1991: 47).

[8] Se lee en la apertura del relato: «En ese tiempo remoto, yo era muy joven [...] me hubiera gustado [...] llegar a ser un escritor» (Vargas Llosa 1977: 11).

[9] En ese sentido, el texto de Julia Urquidi al que me referiré más adelante elimina toda ambigüedad, lee la novela como una autobiografía y se construye a

consumo masivo y popular: «historia de amor de personaje famoso». Este narrador es la voz con autoridad por excelencia del texto y no sólo remite al referente externo autoral, también se hace cargo de narrar al escribidor Camacho, quien siempre es «contado», atravesado por la visión del narrador Mario, que lo encuadra y determina la perspectiva sobre él[10]. Por la misma razón, el lector puede preguntarse quién enuncia los capítulos de radioteatro que parecen resúmenes del mismo narrador; es decir, Mario, como única autoridad, se expande y abarca incluso los fragmentos supuestamente antagónicos y pertenecientes al escribidor. Por otra parte, entre ese marco extremo que aleja a Camacho del protagonista, el relato disemina continuos indicios de semejanzas y aproximaciones: las dos historias –la de Mario y la de Camacho– son paralelas y contienen numerosos elementos en espejo. El texto parece trazar una nítida división entre los dos relatos y los dos tipos de escritor al tiempo que los entremezcla. Es decir, Camacho resulta a primera vista una caricatura o parodia, una versión degradada del escritor, pero el narrador en su proceso de aprendizaje comparte con él gran cantidad de rasgos[11]. Esta fusión o pasaje entre ambos (escriba y futuro escritor) se inscribe en una historia que no sólo se escande con los radioteatros, sino que está atravesada por un verdadero muestrario de trabajos relacionados con la cultura de

---

partir de este presupuesto.

[10] Es interesante comparar las descripciones de Camacho en los capítulos marco, I y XX: «Su postura, sus movimientos [...] hacían pensar inmediatamente en el muñeco articulado, en los hilos del títere» (1977: 24) y «cómo identificar al escriba boliviano en el físico y el atuendo de este espantapájaros [...] parecía una caricatura de la caricatura» (1977: 442). Está claro que los hilos del títere siempre son movidos por el narrador Mario.

[11] Desde la «mezcla» de historias (el incesto en uno de los radioteatros y el incesto simbólico en los amores con la tía Julia) hasta elementos compartidos: la máquina de escribir que pasa de uno a otro, los radioteatros de Camacho que ordena y completa Mario, los numerosos trabajos –también de «escriba»– que éste consigue, etcétera.

masas y un tanto marginales en cuanto al campo literario: se trata de actividades que el mismo narrador denomina «manufacturas»[12]. Es interesante señalar cómo se mantiene una diferencia adorniana entre arte e industria, entre trabajos que «dan de comer» y literatura: quedan bien diferenciados sus cuentos –aun cuando intente publicarlos en el periódico *El Comercio*– de su actividad en los medios. Se anuncia así de algún modo ya la resolución del capítulo final, donde la escisión se hará tajante y donde el valor está en la pertenencia a la «alta» cultura. Hasta entonces, el relato pasa revista a toda una gama de empleos unidos a lo masivo: los radioteatros, el periodismo sensacionalista (sostenido por el robo de información y el refrito), la música popular (a través del cantante de boleros), la realización de efectos especiales de sonido para la radio, etcétera. En verdad, los fragmentos correspondientes al narrador resultan así un compendio de alternativas de la cultura de masas mucho más complejo que el que proporcionan las historias de Camacho. Se trata de un constante intercambio entre ambas zonas del relato: un momento clave como es la boda con la tía Julia se construye como un episodio de radioteatro, con elementos de la picaresca y el melodrama. Otra «zona», la producción del autor real, parece también confundirse: Lituma, protagonista de numerosas novelas de Vargas Llosa, es personaje de los radioteatros de Camacho. Esta notable apropiación o quizá fusión es paralela a la incomprensible mezcla de historias, tiempos e identidades que va produciendo Camacho a medida que enloquece y que recuerda las técnicas características de los textos del mismo Vargas Llosa en pleno período del *boom*[13]. La aparente semejanza

---

[12] «Siempre había tenido curiosidad por saber qué plumas manufacturaban esas seriales que entretenían las tardes de mi abuela... » (1977: 13).

[13] Dos pasajes juegan con esta posibilidad: «a lo mejor esos trueques y enredos eran una técnica original de contar historias. –No le pagamos para que sea original sino para que entretenga a la gente» (1977: 242); «cité o inventé autores que, le aseguré, eran la sensación de Europa porque hacían innovaciones parecidas a las

entre los procedimientos puede ser leída en múltiples sentidos: como cita y juego sobre la propia trayectoria y la propia estética (en la que coincidirían escribidor y autor), pero también como juicio irónico sobre la escritura de Camacho, del que se espera entretenimiento y no originalidad, restituyéndose así la tradicional oposición con que se enfrenta arte y medios. Siempre la ambigüedad de alternativas en la interpretación crea en el texto un espacio engañoso e indeterminado en el momento de evaluar lo masivo.

Sin embargo, a pesar de todas estas huellas destinadas a aproximar las dos «zonas» del relato, éste gira sobre un eje centrado en la transformación del narrador en escritor consagrado y es en el último capítulo —como ya se dijo— donde se establecen la diferencias definitivas con el escribidor. Todos los elementos que confluyen hacia este final se confirman en el cierre: allí esa distancia produce jerarquías y define quiénes son fracasados o triunfadores. Ese final se escribe desde la distancia temporal con el resto de la historia, ya no se trata del relato de iniciación y aprendizaje: desde el presente del escritor exitoso el narrador abandona las semejanzas y acentúa el contraste con Camacho. Toda fusión y ambigüedad entre las dos culturas se disuelve y son los otros, los viejos amigos que quedaron en Lima, los productores y consumidores de lo masivo los que se diferencian nítidamente del narrador. En este sentido podría leerse una frase como «las diferencias eran mayores que las semejanzas» (1977: 441), que clausura la oscilación perpetua del texto abierta a partir del epígrafe mismo de Elizondo[14]. Este fragmento, ejemplar de la literatura de los sesenta, apunta a la alta cultura y al proyecto neovanguardista del

---

suyas: cambiar la identidad de los personajes en el curso de la historia, simular incongruencias... » (1977: 290).

[14] «Escribo. Escribo que escribo. Mentalmente me veo escribir que escribo y también puedo verme ver que escribo...etcétera » (Salvador Elizondo, *El Grafógrafo*).

boom y del narrador Mario, pero parece aplicarse –constante vaivén de la novela– con mayor exactitud a la actividad sin pausa del escribidor.

Se diseña así no sólo la historia de un «hacerse escritor», sino también la de un imaginario sobre él que tiene larga trayectoria y que los autores del *boom* encarnaron de modo paradigmático: el narrador Mario se va constituyendo de acuerdo a ese imaginario que incluye el viaje a Europa y la inevitable buhardilla en París, distante espacial y culturalmente, claro, del «cubículo» de Camacho[15]. Es en «el hacerse escritor» cuando es posible aprovecharse, nutrirse de la cultura de masas[16]; ahora bien, en la consagración es necesario borrar todo rastro de ese lazo: la distancia entre su éxito y el olvido en que cae el escribidor es el signo de la imposibilidad de toda asimilación entre ellos. En este sentido, las figuras de Julia y Camacho corresponden al período de iniciación y vínculo con la cultura de masas (Julia es la versión femenina de Camacho con su interés por el cine, las revistas y las novelas de amor) y ambos deben desaparecer o ser reemplazados (otra mujer, otro espacio, otros modelos) en el último capítulo.

Desde esta *imagen de escritor* se puede leer una distinción que va conformándose a lo largo del relato e implica también un modo de evaluar la diferencia literatura/cultura de masas. El eje «nacional/cosmopolita» explica los adjetivos gentilicios que acompañan todas las manifestaciones culturales de origen popular: Julia y Camacho son bolivianos, los radioteatros provienen de Cuba, las revistas son argentinas, el cantante de boleros es chileno y el torero venezolano.

---

[15] Ese imaginario remite a un lugar común del escritor latinoamericano y, en especial en esa época –los años sesenta–, a autores como Cortázar –paradigma del escritor que se «hace» en París– y García Márquez –quien «envía» en *Cien años de soledad* a su personaje Gabriel, el futuro escritor, a París.

[16] Y de otros modelos: la búsqueda de figuras paternas –característica del relato de iniciación– es otra de las diferencias con Camacho. El deseo del narrador de escribir como Borges o Hemingway se opone a la ausencia de modelos «altos», de la que hace gala Camacho.

Las formas masivas resultan marcadas por la idea de lo nacional o local y latinoamericano, en tanto que el escritor Mario –y por ende la literatura– se articulan en lo universal y cosmopolita. Si el escritor «se hace» en París y en contacto con una experiencia internacional, el regreso a Perú en el último capítulo tiene como función destacar las diferencias: ya nada queda en el protagonista del vínculo con una cultura de masas signada por el localismo, el triunfo sólo es posible en Europa y en contacto con la «alta» cultura[17]. La novela traza entonces una nítida frontera con los géneros populares y masivos, que, en especial en América Latina, parecen continuar la tradición del melodrama proveniente del siglo pasado, e incorporan sus discursos sobre lo nacional, la clase y el género sexual[18]. Dada su gran adaptabilidad, el melodrama se renueva, entremezcla y renace reiterando rasgos en las formas del radioteatro, la telenovela o la novela de amor marcadas por lo local[19]. La literatura, en cambio, es aquello que se gesta en Europa, en París: interesante reiteración de un gesto intelectual que sirve aquí para diferenciar dos formas culturales.

Ese compendio de teorías sobre lo masivo *versus* la literatura que es *La tía Julia y el escribidor* (y pueden reconocerse en la novela casi todos los términos con que la crítica los ha enfrentado) se despliega como una suma de variables de los códigos populares. En este sentido,

---

[17] Martín-Barbero enfatiza el carácter nacional de géneros como el melodrama y la telenovela, que «aparece como un espacio de confrontación cotidiana entre el sentido de lo nacional (las sensibilidades, las temáticas y los personajes "propios") y el de lo trasnacional» (1992: 20).

[18] Entre la numerosa bibliografía sobre estos géneros merece destacarse Hays & Nikolopoulou (eds.) 1996, Bratton & Cook & Gledhill (eds.) 1994, Hansson 1998, Cohn 1988 y Verón & Escudero Chauvel (eds.) 1997.

[19] Brooks, en el clásico *The Melodramatic Imagination* (1976), señala que el melodrama es un forma de la modernidad y como tal se extiende a los largo de dos siglos hasta su culminación en el presente a través de los géneros que derivan de él. Asimismo, para Martín-Barbero está situado «en el vértice mismo que lleva de lo popular a lo masivo [...] lugar de emergencia de una escena de masa» (1992: 41).

IV. Entre el placer y la decepción 157

el texto al conectar novela rosa y melodrama remite a las consideraciones hechas en el capítulo III y a la vez se acerca a una narrativa destinada al público femenino. El relato reitera aquí nuevamente todos los presupuestos esperables, pero introduce un elemento distanciador que marca la diferencia: el narrador es un hombre que mantiene una perspectiva masculina sobre la mujer y sobre su lugar como consumidora de cultura mediática[20]. Hay que recordar que en el siglo XX son dos los factores que contribuyeron al status marginal del romance[21]: su transformación en fórmula masiva y la identificación con las lectoras mujeres y con sus supuestos intereses (amor, deseo, etcétera)[22]. Quizá este vínculo con lo femenino sea la razón por la que se trata de uno de los géneros masivos que ha sido tomado menos en serio por la crítica. Si el policial es leído como evasión y placer por el reconocimiento del código, el romance es el espacio donde puede ser imaginada una identidad; es decir, se propone como un ámbito identificatorio, se centra en la representación del deseo femenino y da lugar a la fantasía romántica. Las lecturas sobre el género reiteran la mirada usual para otras formas masivas, condenan su estructura consolatoria y cuando surge la noción de seducción vinculada al romance le atribuyen una carga valorativa y moralista: el relato de amor juega, como señala Fluck en una perspectiva común a casi todos los críticos, con «la tensión indisoluble entre los placeres culpables y su control moral, entre tentación y represión» (1991: 20).

---

[20] Julia sólo lee folletines y revistas y ve películas mexicanas. Es notable cómo esto será rebatido por ella, rechazando la imagen de mujer que se le impone, en el texto al que me voy a referir más adelante.
[21] Si bien en un sentido estricto pueden ser diferenciados, uso aquí como sinónimos los términos de romance, novela de amor y relato sentimental. De hecho, el melodrama y la novela sentimental romántica se entrecruzan en la constitución del relato de amor, el radioteatro o el teleteatro del siglo XX.
[22] Véase McCracken 1998.

Son muchos los estudios que asocian el rol de esta narrativa a la constitución de la identidad femenina[23]; aquellos que sostienen la defensa del género se basan en que «el romance invierte la estructura de poder de una sociedad patriarcal porque muestra a las mujeres ejerciendo un enorme poder sobre los hombres» (Krentz 1992: 5). Esta perspectiva propone una idea de placer compensatoria inherente al género, al que se le atribuye entonces una condición «subversiva». En cualquier caso, el romance es el género de lo doméstico y como tal resulta crucial en la conformación de lo femenino, uno de cuyos síntomas más reiterados es el silenciamiento de su voz[24]. Es significativo entonces que en la novela Mario sea el narrador de su propia historia de constitución de una identidad sexual y profesional, en tanto la figura de la tía Julia sólo reitere la convención. En efecto, Julia es una mujer en busca de marido —en lo posible rico—, poco letrada, afecta a los relatos y las películas románticas. Como Camacho, ella es «contada» por el narrador, que constituye a través de la «novela romántica» su relato. Complejo juego en el que se invierten los códigos esperables debido al contrapunto entre los radioteatros de Camacho y la «autobiografía» de Mario, porque, a diferencia de la tradición del género, los primeros casi no contienen romances. En verdad, el único romance que seguimos los lectores es el del narrador.

Esta melodramática historia tiene una curiosa e inesperada continuación en las memorias publicadas por la protagonista de la ficción: Julia Urquidi Illanes —la tía Julia— escribe *Lo que Varguitas no dijo* como respuesta a la novela de Vargas Llosa. La réplica, más allá de borrar todas las distancias entre lo ficcional y lo real, constituye el material para un guión de radioteatro, centrado en el romance

---

[23] Véase Belsey 1994 y Brown 1994, que le otorga una función de resistencia femenina a estos géneros.

[24] Véase Radner 1995.

y la traición que llevan al divorcio de los protagonistas. Todas las ambigüedades de la novela, las tensiones entre el género popular y la literatura, se resuelven aquí en un claro melodrama, una historia de amor sin final feliz debido al engaño del personaje masculino. El relato se concentra en ese «no dicho» en el texto de Vargas Llosa, es decir, en el hiato entre la novela de aprendizaje y el último capítulo, que viene a completarse con el texto de Urquidi.

De algún modo estas memorias son una continuación de la novela que, si bien no esperada ni deseada por su autor, incorpora al lector como espectador del romance privado, convertido en «historia de amor digna de un radioteatro». Si los juegos de distancias y aproximaciones al género producían un lector sucesivamente seducido y frustrado (los fragmentos de Camacho concluyen con un exasperado suspenso que no se resuelve en el fin de cada entrega), el testimonio de Julia Urquidi lo transforma en un «devorador» de relatos de amor, envuelto por completo en un placer similar al que proporciona cualquier radioteatro canónico. Entre los deleites del consumidor de telenovelas (y en general de códigos relacionados con el romance) se encuentran las posibilidades que proporcionan de identificación, de ejercicio de las propias fantasías y de las tendencias voyeuristas[25]. Este último rasgo es dominante en toda historia sobre la vida privada de un personaje público, y es el que explota particularmente el relato de Urquidi: ser testigo de las alternativas de un romance ajeno es posiblemente una fuente de goce mucho más seductora que la familiaridad con el código del género. *Lo que Varguitas no dijo* produce, leído como continuación de la *Tía Julia...*, un efecto de serialidad característico de los géneros populares por entregas, que sostienen el suspenso en el placer de la anticipación de lo conocido o del final feliz; éste, más que un regreso al orden, resulta una promesa o un sucedáneo de la propia vida. En este caso, las memorias

---

[25] Véase Harrington & Bielby 1984.

de Urquidi funcionan como una contrapartida que desenmascara el «final feliz» de la novela de Vargas Llosa[26]; al desplazar la enunciación a la voz femenina, se convierte en un texto de resistencia contra la otra versión y establece un espacio privado marcado por la ausencia de voces masculinas. De este modo, el relato de Urquidi, volcado sin ambigüedades al consumo masivo, explota los placeres que proporcionan estos géneros: se plantea como la continuación serial de la novela desde la visión de la mujer traicionada que se resiste al rol pasivo de consumidora y que toma ahora la palabra. A la vez genera el placer de participar –y «ver», dado que el libro incluye fotos de la pareja– en el juego de saber y no saber, imaginar o adivinar los entretelones y la resolución de una historia de amor privada cuyos protagonistas son figuras públicas famosas y exitosas. Es decir, se reúnen melodrama, radioteatro y revista del corazón; tanto el registro de lengua usado como el enfoque mismo de la historia, desde la perspectiva de la protagonista/víctima del amor, contribuyen a un efecto de inclusión en todos esos géneros[27].

No sólo se trata de la respuesta de una de las implicadas en la ficción lo que le otorga este sesgo volcado hacia las formas masivas: el libro se publica luego de que una telenovela basada en el relato de Vargas Llosa y con el mismo nombre saliera al aire. Es decir, las memorias de Urquidi continúan alternativas presentes ya en el

---

[26] Beatriz Sarlo (1985) define las novelas sentimentales como «textos de la felicidad», conformistas, centrados en el amor, previsibles. *La tía Julia...* sigue el canon: los obstáculos al amor se inscriben en el orden moral y social y se cierra con el matrimonio feliz que nunca tiene historia. El texto de Urquidi da vuelta esa historia y la inscribe en el «relato de una traición».

[27] Declara Urquidi Illanes en el Prólogo: «no he sido la única, la primera, ni seré la última mujer que ha vivido entre el cielo y el infierno al querer salvar un amor que sólo existió en ella...» (1983: s/n); y cerca del final: «Acabo estas páginas con un dolor muy grande, con un vacío enorme, todo lo que llevaba dentro de mí lo he dejado en estas hojas [...] por fin pude decir la verdad que cuántas veces me ha quemado como fuego las entrañas... » (1983: 303).

texto mismo, a pesar del «engañoso juego seductor» de distancias y aproximaciones que éste ejerce. La telenovela y *Lo que Varguitas no dijo* exploran y llevan a primer plano el melodrama, el romance «huachafo» que se oculta o atenúa en la distancia producida por el contacto con «la literatura» en el relato de Vargas Llosa.

El desplazamiento desde la perspectiva del protagonista masculino a la voz femenina en Urquidi, y la consiguiente transformación de la historia, destacan uno de los problemas del código del relato de amor: la enunciación femenina resulta un punto conflictivo en la medida en que se supone un género dirigido a ella (no escrito desde ella)[28]. El melodrama y sus géneros derivados, aunque proporcionan un espacio de identificación para la mujer, la mayoría de las veces «no plantean su punto de vista» (Mulvey 1989: 40). Las memorias de Urquidi resultan entonces «otra versión» que surge de la novela y cambia ese foco: el género (sexual) transforma la historia y acentúa los géneros (los códigos masivos) con los que juega el relato de Vargas Llosa.

Si Urquidi asume abiertamente los rasgos del melodrama, la diferencia con la novela de Vargas Llosa radica en cómo se articulan en ésta los elementos de las formas masivas. *La tía Julia...* explota todas las estrategias de seducción y distancia hasta hacerlas el centro de su construcción: apropiaciones, diferencias, fusiones establecen lo que llamo la «engañosa capacidad seductora» del texto. Cumplir con el canon, enunciarlo y traicionarlo es el movimiento que le permite establecer su diferencia con *Lo que Varguitas no dijo* y a la vez originar esas memorias y originar también una telenovela.

Acatar alguna constante de las fórmulas para luego remarcar la distancia existente entre ambos es el modo en que trabaja el relato

---

[28] Una colección de relatos editada por E. do Nascimento, *Histórias de Amor Infeliz* (1985), reúne doce historias cada una de las cuales se duplica en otra versión; es decir, se generan dos relatos diferentes contados desde el punto de vista masculino y femenino. La antología asume para este género la diferencia de perspectiva dada por el sexo, ya no sólo de la voz enunciadora, sino también del autor.

de Vargas Llosa: el uso del incesto resulta ejemplar de este funcionamiento. En la novela rosa abundan elementos como el fetichismo, el sadismo, la victimización y el incesto, pero estas «invariables eróticas están neutralizadas por los recursos eufemísticos» (Cabrera Infante 1975: 45)[29]. Esto es, resultan siempre atenuadas en la trama: el masoquismo puede ser una prueba de amor y los héroes incestuosos son falsos hermanos, primos o amigos de la infancia. Este punto es uno de los ejes de *La tía Julia...*, donde el incesto se duplica: el «verdadero» ocurre en uno de los radioteatro de Camacho, el otro atraviesa el romance de Mario con la *tía* Julia, doce años mayor, pero en realidad una tía política y la diferencia de edad se minimiza por la madura condición intelectual del protagonista. El relato recurre entonces al típico procedimiento de estos géneros: apela constantemente al eufemismo, pocas veces roza lo erótico y clausura todo avance hacia lo pornográfico, y se mantiene así en el equilibrio característico de la telenovela (forma equivalente en el momento de escritura del texto al radioteatro en los años en que transcurre la historia). Entre la novela rosa y romántica, el melodrama y la picaresca, se desliza un erotismo atenuado y se articula la diferencia del texto con todos esos códigos.

Pero a la vez, el relato de amor y sus variantes ingresan transformados, su uso implica establecer distancias y diferencias. Si en *La tía Julia...* el romance se cumple de acuerdo al canon es porque permite encubrir «otros relatos»; el género seduce al lector y la distancia deceptiva que propone el último capítulo se disimula por la aparición de otra fórmula con final feliz: el «triunfo del héroe», que llega a la fama y logra su sueño. Un triunfo, éste, que marca la diferencia definitiva con Camacho y con los códigos masivos consolatorios. El

---

[29] El artículo de Cabrera Infante, «Una inocente pornógrafa», constituye un excelente —y admirativo— análisis del carácter *naïve* pero muy efectivo del erotismo y la pornografía en la novela rosa de Corín Tellado.

relato de amor que actuó como el elemento seductor es abandonado, pero su decepción queda engañosamente disimulada por el ingreso de otro código.

Podría pensarse que la novela de Vargas Llosa se ubica en un espacio límite, extremo en cuanto a las relaciones entre las dos culturas. Es probablemente uno de los textos que mejor cumple con algunos códigos masivos y a la vez establece una distancia máxima con ellos en ese capítulo final, cuestionando casi su propia identidad como relato. Se puede así observar cómo, por una parte, se acerca a la definición que Sarlo da para las historias sentimentales de circulación periódica en las primeras décadas del siglo:

> nombran a la literatura alta, la evocan citando y utilizando sus clisés más comunes [...] descubren mundos de pasiones excepcionales, presentan un erotismo legítimo y, casi podría decirse honesto. [...] Horadan la cotidianeidad, para instalar allí la aventura, aunque se trate de una moderada aventura sentimental que apunta al moderado desenlace de la institución matrimonial (1985: 153).

Al mismo tiempo, el texto insiste en diferenciarse: el romance funciona como el espacio «seductor» en que otros debates tienen lugar, por eso casi no nos damos cuenta del fracaso y fin de ese romance en el último capítulo[30]. Allí la discusión se ha desplazado claramente y como lectores de historias de amor quedamos frustrados casi sin percibirlo. El amor ha sido quizá la gran excusa del texto, el gesto

---

[30] No lo hace sólo en el último capítulo, la insistencia en distanciarse de lo «huachafo» es un índice de esa búsqueda de la diferencia con «lo bajo» y de acercamiento a «lo alto»: «–¿Se puede decir que esto es nuestro nido de amor? [...] ¿O también es huachafo? –Por supuesto que es huachafo y que no se puede decir. [...] Pero podemos ponerle Montmartre» (1977: 276). Esta cita contiene todo el juego que se viene discutiendo: el narrador usa y evade al mismo tiempo lo *kitsch* (calificado con una expresión localista), optando por lo francés y prestigioso que asegura «el buen gusto».

engañoso que sedujo y traicionó nuestro interés y la promesa de placer. El relato de amor, una forma masiva «atrapante» por excelencia, permite encubrir otras historias, en este caso la biografía del «escritor latinoamericano modelo», que confirma un tradicional –convencional– imaginario, y que define la postura del texto en torno a la literatura.

❦

Puede verse que el romance, en tanto género, autoriza «juegos de seducción y traición» muy diversos: en la narrativa latinoamericana la producción del brasileño Dalton Trevisan es un ejemplo excelente que difiere en sus estrategias de las de Vargas Llosa y nos acerca a otros textos. Sus cuentos son historias de amor «invertidas»: no se trata sólo de que no tienen finales felices sino que destruyen sistemáticamente las expectativas del lector, transformando el verosímil romántico y los elementos canónicos del género. Los cuentos de *Desastres do amor* son relatos de ausencia –de carencia absoluta– de amor romántico, en los que el clisé lingüístico del romance se revela ridículo y sin sentido. Las expectativas del lector resultan frustradas porque las convenciones del género se alteran y se muestran imposibles[31]. Este rasgo es una constante de su producción y queda expuesto en un relato como «Ismênia, moça donzela» de *Morte na Praça*, construido por cartas de amor plagadas de los lugares comunes que alimentan el imaginario de una mujer vampirizado por los códigos de las revistas femeninas, las fotonovelas y los radioteatros. La sucesión de cartas desnuda el absurdo del código y frustra al

---

[31] El cuento «Mocinha de Luto», por ejemplo, juega con muchos de los presupuestos del lector y los destruye: constituido por el diálogo entre dos personajes arquetípicos –joven ingenua y hombre maduro–, va graduando el juego erótico para concluir en el acoso de la muchacha al hombre y exhibir la obviedad de la mayoría de los descenlaces tradicionales.

lector: la fusión entre la fórmula masiva trastocada y la convención cultural en torno a la sentimentalidad femenina quiebra toda identificación, y el relato se vuelve imposible para cualquier consumidor o consumidora del género[32].

Del mismo modo en que trabaja Roberto Drummond con la imagen y los códigos de los avisos publicitarios lo hace Dalton Trevisan al articular el romance con las fotografías de las tapas, que funcionan en sus libros como marcos en diálogo con los relatos. Las cubiertas suelen ser reproducciones de antiguas postales románticas, eróticas o pornográficas, fuertemente definidas por la estética *kitsch*[33]. Estos marcos establecen un juego de tensiones contradictorias con los cuentos de cada colección: historias e imágenes se contraponen notoriamente en *Meu Querido Assassino*, por ejemplo, donde la pornografía prometida en la tapa y contratapa se frustra, ya que los relatos rodean lo erótico y lo sexual pero jamás lo explicitan.

Este juego de promesas incumplidas de los cuentos de Trevisan combina romance, erotismo, pornografía y *kitsch* y nos remite a otro texto, a la novela de José Donoso *La misteriosa desaparición de la marquesita de Loria*.

---

[32] Los referencias se multiplican: estos procedimientos de Trevisan remiten a un cuento de Sônia Coutinho, «Darling, ou do amor em Copacabana». de *Uma Certa Felicidade*, donde se trabaja el código romántico atravesado por los signos de la cultura de masas (marcas, nombres famosos, cine, etcétera), en el mismo sentido que los relatos de Roberto Drummond analizados en el capítulo III. Las redes que establecen los textos entre sí son múltiples y se extienden ligando géneros, estrategias, usos.

[33] Muchos de sus libros están así enmarcados: *O pássaro de cinco asas, Lincha Tarado, Chorinho Brejeiro* y *Meu Querido Assassino* tienen en la tapa fotos e imágenes eróticas y/o pornográficas; en *Essas Malditas Mulheres* y *Crimes de Paixão* son dibujos característicos del melodrama del siglo XIX y en *Morte na Praça* se reproduce una foto romántica de comienzos de siglo muy definida dentro de la estética *kitsch*.

Erotismo y decepción

> La instancia erótica no es más que una figura del simulacro.
>
> Jean Baudrillard

El relato de Vargas Llosa crea un espejismo de fusión con las formas «bajas» porque en el mismo momento en que se constituye a través de ellas comienza a postular una diferencia absoluta que culmina en su último capítulo; *La tía Julia y el escribidor* confirma una suma de convenciones sobre lo masivo tanto como reitera una irreductible distancia entre ambas culturas.

El gesto de uso o apropiación en *La misteriosa desaparición de la marquesita de Loria* (1980) es radicalmente diferente. Donoso mezcla, logra fusionar prestigiosas formas canónicas de la alta cultura con otras masivas. El ensamblaje es tan estrecho que permite comprobar cómo hasta los géneros más consagrados establecen finos hilos conductores con las «formas bajas» y necesitan, incluso, de ellas para constituirse. Esto no impide que el relato mantenga –como el resto del *corpus* aquí tratado– una constante estrategia deceptiva sostenida por un eje que lo articula, el género erótico.

La misteriosa desaparición… es un relato escrito después del *boom* y lejos de la complejidad experimental de novelas como *El obsceno pájaro de la noche*; la crítica entonces ha buscado «una explicación» para este vuelco hacia formas masivas «fáciles», y quizá por eso han predominado las lecturas que apelan a la interpretación paródica. Leído en clave de «reescritura paródica» y «réplica burlona» (Sklodowska 1991: 101)[34], de «sátira eficaz» (Gutiérrez Mouat 1983: 85), el relato resulta para los críticos un ejercicio lúdico de alusiones y

---

[34] La autora destaca este aspecto: «la parodia en *La marquesita* […] es sobre todo una provocación en tanto una recreación del modernismo literario hispanoamericano solamente en sus aspectos más externos» (1991: 103).

reelaboraciones intertextuales. En este sentido, Sklodowska lo considera como una reescritura del modernismo, destinada a mostrar lo obsoleto de esa estética, y como un texto despolitizado a pesar de ser escrito en plena dictadura de Pinochet. Es decir, lo que llama «su dimensión lúdica» implica un abandono del «compromiso» en beneficio de la parodia y el juego de guiños con el lector. Como ya señalé en el capítulo I, la lectura paródica parece eludir los complejos lazos que se entretejen en los relatos, más allá de que en este caso particular retorcer el cuello al cisne en 1980 resulta al menos anacrónico y sin función alguna. Por otra parte, su presunta apoliticidad es una acusación frecuente a los textos ligados de un modo u otro con formas mediáticas. Escrito en España, *La marquesita* podría leerse como un relato sobre el exilio cultural: la protagonista «transplantada» al mundo europeo que parece tragarla se refleja en la imagen evocada en la dedicatoria, «once again to Zelda»[35]. Ésta remite a Scott Fitzgerald y los escritores emigrados, pero también a la locura de la misma Zelda que, repetida en la marquesita, eliminaría la ambigüedad de lo fantástico y representa una evaluación sobre los resultados de esa adaptación al «ámbito civilizado»[36].

La insistencia en los juegos intertextuales «cultos» y la parodia no ha permitido considerar la posibilidad de que se trate de otro relato experimental de Donoso, sólo que en una nueva dirección, buscando forzar al máximo las alternativas de intercambio entre culturas hasta la disolución –aparente– de las jerarquías y las diferencias irreductibles. De hecho, el relato representa un giro en su narrativa y un

---

[35] La mención de Zelda –la esposa de Scott Fitzgerald– también permite introducir un imaginario relacionado con el mundo cultural y social de los años veinte en que transcurre la novela.

[36] La novela está plagada de alusiones al choque y la imposibilidad de conciliar esos dos mundos culturales. En este sentido, la desaparición de Blanca es un resultado lógico de este proceso. Volveré sobre este aspecto más adelante.

intento de explotar todas las posibilidades de fusión entre esas formas cultas y populares.

Entrelazados con los códigos del modernismo y del *art decó* se multiplican los indicios de la cultura de masas: el título mismo de la novela podría ser el de un relato policial o el titular de una noticia periodística. Ese registro propio de un medio de circulación masiva se destaca en la lengua del texto, neutra, carente de chilenismos u otras marcas locales. Lengua internacional del exilio cultural, en la que sólo pueden aparecer en bastardilla los términos en inglés o francés que otorgan −como las citas de marcas prestigosas de coches, ropa o relojes[37]− una pátina cosmopolita y europea. El texto adopta el tono y el estilo de las revistas sociales, en particular en el cierre del capítulo dos, donde se reconoce esa retórica: «[...] hija del recordado diplomático nicaragüense, como apuntaron las crónicas mundanas de los periódicos−, cuya belleza, todos lo observaron en las gradas de los Jerónimos [...] se veía realzada por el luto» (1980: 41).

Lo mismo ocurre en el desenlace, donde cambia bruscamente el registro a partir del ingreso del «autor de esta historia [...] que está a punto de terminar» (1980: 194). Se trata de un resumen a la manera del «final feliz» característico del cuento o la publicación popular, que informa a los lectores sobre el destino de todos los protagonistas. En verdad, con este cierre se remite a las primeras páginas del libro: allí se informa que la cubierta y las ilustraciones que encabezan los capítulos han aparecido en la revista *La Esfera* y pertenecen a Rafael de Penagos, Federico Ribas, José Zamora y Varela de Seijas. El relato queda enmarcado por la asociación simultánea con ambas culturas: «alta» cultura a través de la mención de pintores y artistas *art decó*

---

[37] A pesar de las diferencias de uso y tipo de objeto de consumo citado en Drummond (capítulo III) y en Donoso, los nombres y marcas remiten siempre a los medios masivos, son el índice de su presencia en el texto y de la asimilación de la vida a sus pautas culturales.

IV. Entre el placer y la decepción   169

y mass media por la retórica que clausura la historia y las imágenes que la escanden.

La revista *La esfera* puede considerarse el signo por excelencia del ingreso en la modernidad de la sociedad española. Editada desde la década de 1910 hasta la de 1930, los años veinte marcaron su apogeo. La revista condensa todo el mundo cultural y social del período y sus notas abarcan desde la moda, los viajes, las bodas y noticias de la nobleza y las estrellas de cine hasta relatos y poemas de escritores del período, ilustrados por los pintores antes mencionados. Los dibujos que reproduce combinan ejemplos de escuelas ya consagradas con las nuevas tendencias que comienzan a predominar: en especial, los de Penagos, Echea o Rivas son tapa y se reiteran como ilustraciones de los cuentos y poesías. Mezcla de frivolidad y estéticas modernistas y *art decó*, la revista representa el mundo elegante, fascinado por los indicios del cambio producido en el período: particularmente interesantes en este sentido son los avisos publicitarios, que apelan a «la mujer moderna» y recurren a los mismos ilustradores del resto de la revista.

Los dibujos tomados de *La esfera* para la novela representan figuras femeninas con el característico aspecto de los figurines y las revistas de moda de los años veinte[38]. En primer lugar, actúan como un índice del contacto con los modos de producción masivos en tanto siempre la imagen proveniente de formas periodísticas y populares enlaza al texto con esa cultura. Pero las ilustraciones tienen además la función de despertar el imaginario del lector en torno a la época y acompañar el relato; producen por su adecuación a la historia el efecto de haber sido hechas especialmente para el texto[39]. Sin embargo es a la inversa:

---

[38] En la primera edición, cada capítulo se abre con una reproducción que pertenece, incluida la de la tapa, a números de la revista entre 1921 y 1925. Algunas son ilustraciones de cuentos (a veces con cierta vaga relación con la historia de la marquesita), otros pertenecen a avisos de jabones, perfumes y cosméticos.

[39] Una bella y joven viuda (No. 452, 2/9/22) abre el capítulo uno que comienza con «La joven marquesa viuda de Loria [...]»; la ilustración del dos tiene

dado que pertenecen a la década del veinte, son así muy anteriores a la novela y puede pensarse que son ellas los que han desencadenado la historia de la marquesita[40]. En efecto, la protagonista no sólo sería la lectora ideal de la revista, sino que parece surgir de ella y en esto se reproduce un gesto que puede encontrarse en la misma publicación[41]: allí, el vínculo entre imagen y texto es a veces tan íntimo que provoca la impresión de que, en realidad, es el relato una prolongación del dibujo, al que «ilustra» o explica.

Es decir, las ilustraciones están en el origen del texto tanto como lo están algunos poemas de Darío. Pero las imágenes condensan además los ítems claves: pertenecientes a las dos culturas (productos de los medios y a la vez parte de la estética *art decó*) vinculan lo culto y lo masivo a través de un código esencial para el texto, el erótico. Las ilustraciones son entonces como una puesta en abismo del proyecto textual en tanto en ellas se funden «lo alto y lo bajo» hasta hacer imposible la distinción.

Las imágenes y su apelación a lo visual son el espacio más notorio donde se desarrollan las estrategias seductoras del discurso erótico.

---

una escena de disfraces (No. 370, 5/2/21) y corresponde a un episodio similar; una muchacha enlutada con un automóvil de fondo (No. 507, 22/9/23) inicia el ocho que cierra la novela con una escena en el auto y la posterior desaparición de la marquesita, etcétera.

[40] El texto mismo lo señala al describir a uno de los protagonistas: «[…] a la sombra del chambergo, igual a los de ciertos artistas que veía en las ilustraciones de Rafael de Penagos o de Echea para *La Esfera*, brillaba su insolente mirada…» (56). La descripción de Archibaldo evoca en el lector numerosos cuadros y carteles de propaganda de la época. También es inevitable la asociación con el muy conocido anuncio –un poco anterior– de Toulouse-Lautrec. «Ambassadeurs: Aristide Bruant» (1892).

[41] De hecho, en el mismo número en que se encuentra el diseño de tapa tomado de Penagos, hay una nota social que registra la boda de «la bella hija del ministro de Bolivia» con el Marqués del Mérito (No. 477, 24/2/1923). Las semejanzas son obvias.

EL PASO DE LA FORTUNA
(CUENTO)

Ilustración de Varela de Seijas para el cuento «El paso de la fortuna» de Antonio Hoyos y Vinent. En *La esfera* 465, 2 de diciembre de 1922.

Éste articula gran parte de la novela y en su cruce con el relato fantástico se establece la distancia del texto con esos mismos códigos. Imagen y erotismo juegan entonces como formas en las que se disuelven las diferencias. En verdad, los límites del discurso erótico son problemáticos: es en principio un género poco prestigioso, por su vinculación con las formas marginales de producción masiva, y posee muchos elementos de la narrativa popular a la vez que se encuentra en textos que pertenecen al canon literario[42]. En este sentido, es notable cómo las escenas eróticas en *La marquesita* se producen en medio de episodios ligados a ambas culturas: la primera transcurre en un palco de la ópera en plena representación; la segunda, al ritmo de un foxtrot. Quizá el caso más interesante es la orgía del capítulo siete, que funciona en su momento culminante como una versión degradada de

---

[42] Véase Puppo (ed.) 1998.

«Era un aire suave» de Darío. Como se dijo, sus poemas modernistas tienen una función similar a las ilustraciones de *La Esfera*: ambos generan las escenas eróticas y el texto mismo.

De igual modo es motivo de debate la cercanía de lo erótico a lo pornográfico. Muchos estudios, de hecho, tropiezan con la dificultad de diferenciar categorías cuyas fronteras parecen lábiles y se desdoblan en géneros, subgéneros y en una gran diversidad discursiva (cine, literatura, fotografía, etcétera)[43]. No es el objeto de este estudio definir ni delimitar estas formas, pero es posiblemente la noción de seducción de Baudrillard considerada en los capítulos I y III la que aporta la distinción más interesante y anuda el discurso erótico a las estrategias seguidas por los relatos estudiados. De algún modo, el erotismo funciona con la misma idea de seducción o es quizá *una* de sus formas. Promesa incumplida y postergación del placer, desvío bajo la forma del simulacro, todo este juego en el que impera el artificio está en «la ley de la seducción [que] es, ante todo, la de un intercambio ritual ininterrumpido, la de un envite donde la suerte nunca está echada, la del que seduce y la del que es seducido...» (Baudrillard 1991: 28). De ese modo se traza una clara distinción entre erotismo y pornografía, dado que «el porno pone fin *mediante el sexo* a cualquier seducción, pero al mismo tiempo pone fin *al sexo* mediante la acumulación de signos del sexo» (Baudrillard 1991: 39; énfasis del original)[44]. El erotismo entonces depende de la alusión, de un juego de decepciones

---

[43] Podrían citarse numerosos ejemplos: «Es concebible postular una rotunda diferencia entre el erotismo y la pornografía» (González Requena 1995: 22); «Erotismo y pornografía quieren decir lo mismo; ocurre que no lo dicen de igual modo» (Puppo 1998: 66); «El erotismo es simplemente la pornografía de la élite» (Phillips 1999: 6); «Porno es la representación de la erotización de las relaciones de poder entre los sexos» (Day & Bloom 1988: 103).

[44] Vale decir, «el porno añade una dimensión al espacio del sexo, lo hace más real que lo real –lo que provoca su ausencia de seducción» (1991: 33). Frente a esa especie de hiperrealismo que es la pornografía, el erotismo es simulacro, o sea, seducción.

Ilustración de Rafael de Penagos para el cuento «Juventud ríe…» de Joaquín Romero Marchant. En *La esfera* 452, 2 de septiembre de 1922.

CAPÍTULO OCHO

Ilustración de un aviso publicitario de jabón Heno de Pravia («...el favorito de la gente bien»). En *La esfera* 507, 22 de septiembre de 1923.

IV. Entre el placer y la decepción   175

del deseo que *La marquesita* expone en su constante oscilación entre la representación erótica y las escenas de sexo, siempre frustradas o frustrantes[45]. Por eso muchas de estas escenas se articulan a lo largo de la novela en torno al juego de la postergación que las convierte en «un estupendo simulacro» (Donoso 1980: 16), un «artificio» (35), «puro cálculo, todo artificio, todo representación» (176)[46].

La novela trabaja la instancia de la seducción doblemente: en el sistema discursivo del erotismo y en la relación de contacto entre los géneros, porque ese relato erótico es —como ya se dijo— decepcionado de alguna manera por la aparición de lo fantástico, que lo quiebra y a la vez lo continúa. La dimensión fantástica introduce aparentemente una ruptura de la expectativa erótica, pero podría pensarse que el punto de intersección de ambos discursos es la figura del perro Luna, en algún punto el reemplazante y condensador de todas las figuras eróticas del relato. Y es a través de él que el erotismo manifiesta el vínculo con la muerte que señala Bataille[47]. En el capítulo cinco, en el centro mismo del libro, ingresa en la historia «lo animal». Si en un primer momento el perro puede leerse como un desplazamiento de la figura del pintor Archibaldo, pronto se convierte en el eje de una cadena ligada a lo prohibido, la transgresión, la locura y finalmente la muerte[48]. Es decir, en el punto mismo donde aparece lo irracional y donde muchos críticos leen la destrucción del erotismo éste toma su

---

[45] Recuérdese la afirmación de Barthes: «el erotismo sólo puede ser definido por medio de una palabra alusiva» (1977: 29).

[46] De hecho, toda la relación de la marquesita con el marqués de Loria es signada por esta condición artificiosa, de representación y juego; el que el sexo nunca se consume con él es índice del sistema de postergación erótica del texto.

[47] «En efecto, aunque la actividad erótica sea antes que nada una exuberancia de la vida, el objeto de esta búsqueda psicológica [...] no es extraño a la muerte misma» (Bataille 1997: 15).

[48] Transgresión, sexualidad, superación del límite, están unidos en Foucault —justamente a propósito de Bataille—: «Si hace falta dar por oposición a la sexualidad, un sentido preciso al erotismo, será sin dudas éste: una experiencia de la

inflexión más pronunciada: lo erótico y lo fantástico se transforman mutuamente, construyen «ese espacio de la diferencia» en el relato de igual manera en que fusionan lo culto y lo popular que ambos contienen[49].

Lo animal como forma de lo incontrolable, de lo violento y sádico, da su matiz extremo al erotismo (el perro en la habitación de la marquesita es una fuerza desatada y destructiva que viola casi literalmente su espacio), pero a la vez introduce una cadena interpretativa que de algún modo suspende la lectura en clave fantástica. El perro Luna está ligado a un juego de asociaciones metonímicas que remite a lo americano, salvaje e irracional por oposición al orden civilizado y racionalista europeo: «una niñez tropical recobrada frente a esas *dos lunas castas* y gemelas que la observaban –*una luna* muy baja, allá en el cielo junto al horizonte; *otra luna* reflejada en el caluroso mar del nocturno caribeño, dos lunas que eran una sola– como estos dos ojos » (1980: 106; énfasis mío). La tensión constante entre los dos mundos se manifiesta como un retorno de lo reprimido que siempre es contrapuesto a un elemento europeo. Por eso la protagonista oscila entre un reiterado regreso al estanque del Retiro, donde finalmente desaparecerá devorada «por una sombra feroz, animal, monstruo» (1980: 193) y los recorridos puntuales por la civilizada Madrid. Una fuerte atracción «la impulsaba [...] a detenerse en las gradas del estanque y quedarse contemplando en el agua –como a un maravilloso cisne negro entre tantos blancos– su propia imagen enlutada» (1980: 46). Ese estanque, que finalmente parece tragarla junto con el perro, reúne todos los elementos de la irracionalidad y de la magia americana; allí

---

sexualidad que liga por sí misma la superación del límite a la muerte de Dios» (Foucault 1993: 43).

[49] Solotorevsky (1988) llama «la frustración de lo erótico» al efecto resultante del encuentro entre lo erótico y lo fantástico. Si bien no coincido con su enfoque cuando lee la novela como una parodia de géneros paraliterarios, son interesantes sus consideraciones sobre las relaciones entre los dos géneros.

es donde se desencadena la locura y se produce su aniquilación. Pero ese estanque posee también el signo por excelencia del modernismo, desde los cisnes que aparecen como una constante en el relato hasta muchos otros emblemas modernistas (palabras, citas, fragmentos de poemas). Es decir, la escuela modernista es la clave de una «zona» fantástica del relato donde se subsume y asimila lo americano con lo irracional. Si leemos la novela como una historia de exilios culturales y una lucha por «pertenecer» al mundo europeo, podemos también leer como delirio erótico el episodio en torno al perro Luna, que marca el fracaso de la marquesita en su intento de asimilación y la lleva a la locura y la muerte[50]. Más que una evaluación o crítica puntual de la escuela modernista como tal, puede pensarse como la historia común a todo proyecto de transplante cultural y de supresión de las raíces (el modernismo como estética refinada y europeizante funciona como paradigma perfecto). El texto parece señalar la inutilidad de tal intento; en este sentido, escrito en el exilio y en un momento de dictaduras y diáspora sudamericana, es una reflexión muy ligada a su coyuntura a pesar del aparente juego de frivolidad preciosista y de su anacronismo.

El relato se mueve así en un complejo sistema de interrelaciones entre diversos ejes: modernismo, *art decó* y cultura de masas por una parte, discurso erótico y fantástico por otra. Buscando y explotando los elementos comunes que permiten la intersección de formas a primera vista opuestas, el texto resulta un modelo de cómo la mezcla de las dos culturas puede llegar a una cuasi fusión de contrarios. Las ilustraciones de *La Esfera* participan de los mass media pero son también

---

[50] «la carne demasiado hermosa, como la suya, era cuestión de hechicería, susurraban las oscuras viejas de su infancia en la noche [...] Pero eran tonteras de gente primitiva: ella era la marquesa de Loria, llevaba un vestido [...] muy a la moda de Drecoll, leía a Rubén Darío y a Villaespesa [...] tomaba té en el Ritz, y nada malo, por lo tanto, podía acaecerle. Abrió su cartera y con un *cisne* se dio un toque de polvos perfumados» (1980: 85; énfasis mío).

refinado *art decó*, lo mismo que el modernismo en el cual puede leerse la irrupción de la cultura mediática; imagen y erotismo comparten la condición seductora de lo masivo, al que en parte pertenecen, y lo fantástico incluye y desarma al mismo tiempo el relato erótico.

Como en todos los casos considerados, el texto resultante de esta fusión es «otra cosa», el exponente de una diferencia que ya no se asimila a ninguna de las estéticas ni formas que incluye. Esta unión ha construido un sorprendente *bricolage*, un relato, más allá de sus formas primarias, que en los ochenta preanuncia la fusión absoluta del fin del siglo. Desde un espacio marcadamente diferente, con marquesas decadentes dibujadas por Penagos o Echea, el relato parece abrir, con su intento de eliminar los márgenes y las jerarquías bien definidas, una puerta a la narrativa que cierra el siglo.

Ciudades desiertas: pop y desencanto

> Hay una gran foto de una inmensa calle vacía y yo camino por el medio, con las manos en los bolsillos de una jardinera tipo Chucky, el muñeco diabólico.
>
> Alberto Fuguet, *Por favor, rebobinar*

La propuesta de este libro fue estudiar algunos modos de relación entre la cultura de masas y la literatura. En los anteriores apartados de este último capítulo analicé cómo se pliegan y transforman las escrituras a esta dominante que se va constituyendo en los últimos treinta años. Un trabajo sobre la presencia de estas formas masivas en la literatura de fin de siglo tiene ya un cierre ineludible: la narrativa reunida bajo el discutido pero muy efectivo nombre de *grupo McOndo*.

En la producción de sus autores puede leerse mejor que en cualquier otra estética la consolidación de la cultura de masas dentro del sistema literario. La larga tradición de lucha, apropiación y resistencia parece haberse clausurado con ellos. Puede vérselos como el producto de un momento en que la presencia de los medios masivos se ha efectivamente «institucionalizado». Mi trabajo sostiene en los anteriores apartados y capítulos la hipótesis de una relación que es a la vez inclusión y diferencia con esa cultura. Pensé los relatos en un perpetuo equilibrio, estableciendo un espacio en tensión donde se la usa y se la «deforma» a la vez: un espacio que define a esa narrativa y la politiza. El ingreso de la *literatura McOndo* a este proyecto provocó la necesidad de algunos ajustes y nuevas reflexiones.

Los relatos de Alberto Fuguet, Sergio Gómez o Edmundo Paz Soldán son la culminación en el filo del año 2000 de esa larga historia de vínculos con la cultura de masas[51]. Son herederos indudables de un universo que pertenece a Puig, no en sus contenidos precisos (que han sido reemplazados) pero sí en el gesto que busca, en su equivalente de fin de siglo, el material con el que constituir un mundo de representaciones y también nuevas representaciones del mundo. El cine norteamericano de los cuarenta, el folletín, el radioteatro y los clisés culturales de la clase media constituyen el sistema sobre el que se arman los relatos de Puig. La cultura pop, el cine de los ochenta, el rock, las formas audiovisuales, las computadoras y los ritos de la burguesía de los años noventa cumplen la misma función de disparadores del imaginario cultural en los textos «McOndo»[52]. De este modo, puede leérselos como continuadores

---

[51] La lista de narradores que puede mencionarse es extensa. Fuguet y Gómez son posiblemente las dos figuras más conocidas y «representativas» de este grupo en sus comienzos, pero no las únicas. Pueden consultarse las antologías editadas por ambos, *McOndo* (1996) y *Cuentos con walkman* (1993). Asimismo, otras colecciones incluyen una gama más amplia de autores: *Disco duro* (editada por E. Ayala y A. Sepúlveda bajo el nombre de *Zona de Contacto* en 1995) y *Líneas aéreas* (editada por E. Becerra en 1999).

[52] Como en la mayoría de los textos que se apropian de la cultura de masas, en los relatos «McOndo» la cita de esa cultura puede reemplazar una descripción, adjetivar o definir un personaje. Así lo reconoce el narrador de *Por favor, rebobinar*

de esta tradición de búsqueda en la cultura masiva de nuevas formas; de hecho, su apuesta por lo mediático tiene el valor de una estrategia de ataque y de apertura para ganar espacios e imponerse como canon.

Por otra parte, recogen otra de las líneas en que la cultura de masas actuó como el disparador: la literatura de La Onda irrumpió en el México de los años sesenta como una de las variables con la que los medios masivos ingresaron y transformaron el sistema literario[53]. Relatos como *Gazapo* de Gustavo Sainz y *De perfil* de José Agustín resultaron paradigmas del movimiento. Con ellos se produjo la misma reacción que con casi toda la narrativa que incluye las formas masivas: parte de la crítica los condenó por «su lenguaje antiliterario» y parte los saludó por considerar que borraban la distinción entre «cultura seria y popular»; como siempre, la eterna polémica desconoció conflictos y contradicciones que se repetirán con los narradores «McOndo». Los textos propusieron otra alternativa de inclusión de lo «bajo» paralela a la que iniciaba Puig: relatos con protagonistas adolescentes, su mundo –el del rock, el cine, el comic– y sus jergas pertenecen a la cultura urbana de esos años y preanuncian a «McOndo». Sin embargo, esa «contracultura» (Gunia 1994), que exhiben los personajes y que responde al imaginario mediático de los sesenta, está distanciada por un alarde técnico-formal que recuerda al de algunos relatos del *boom* y a las trasposiciones a la narrativa de los diálogos cinematográficos realizados por Puig, en particular en *La traición de Rita Hayworth* y *El beso de la mujer araña*. Los textos exponen esa

---

de Alberto Fuguet: «Tengo la mala costumbre de juzgar a la gente por sus libros y discos [...] Llorar con *Ghost*, escuchar Viva FM, leer el *Reader's Digest* son hechos definitorios» (Fuguet 1998: 45).

[53] En una conferencia dada en Harvard University el 15 de abril de 1999, Fuguet señaló que no conocía esta narrativa cuando empezó a escribir. La conformación de redes discursivas entre textos y géneros va más allá de los vínculos reales entre autores; Fuguet, en este caso, escribe su primera novela, *Mala onda*, como cita y continuidad de la propuesta mexicana.

cultura pero están fuertemente ligados a las formas experimentales de su época; es decir, la ruptura de la tradición se da tanto en Elizondo o Pacheco como en Sainz o Agustín y –como ocurrirá años después en los textos de Luis Zapata– el uso de estrategias que remiten a la cultura de masas (los diálogos «transcriptos» de grabaciones, por ejemplo) es índice simultáneo de una literatura «culta», que en esos años apuesta a convertirse en una neovanguardia[54].

A diferencia de estos precedentes, los textos «McOndo» se construyen de modo absoluto *a través* de esa cultura; es decir, no puede encontrarse en ellos la tensión entre lo «alto y bajo», ni movimiento alguno de distancia y diferenciación: no se trata de un *uso* sino de una *exposición* de los medios o de la cultura pop. Casi podría señalarse un «exceso» en el gesto desafiante de constituir los relatos con lo mediático como único punto de referencia cultural: «soy un maestro del zapping, de la cultura de apropiación...No invento, absorbo. Trago» (1998: 22), dice el protagonista de la novela de Fuguet *Por favor, rebobinar*, un texto que puede leerse como manifiesto y autorrepresentación de su estética[55]. En verdad así parece: fusión, absorción, canibalización sin apelar a otros registros culturales. A primera vista ninguna transformación que genere la distancia característica de un relato de Puig con respecto al folletín o al policial. Los relatos son un despliegue de códigos y signos de esa cultura y ellos mismos se convertirán en un código, un signo –«McOndo»– enfrentado a otros códigos y otras formas literarias. Producirán entonces tal vez aquí otras distancias y otras diferencias.

---

[54] Véase el ensayo de Clark D'Lugo (1997) que analiza el vínculo entre dos novelas en apariencia formalmente opuestas: *Gazapo* de Sainz y *Farabeuf* de Elizondo, ejemplo paradigmático de las búsquedas formales de los años sesenta.

[55] «Quiero hacer una saga, pero sin caer en la fórmula del realismo mágico. Puro realismo virtual, pura literatura McOndo. Algo así como *La casa de los espíritus* sin los espíritus» (1998: 145). El personaje proyecta así su novela, que se llamará *Disco duro*. El sistema de alusiones define a este relato como un compendio de la estética McOndo.

Espacios vacíos o políticas de la posmodernidad:

>   –¿Y cómo son los canales?
>   –Hay hartos, pero yo me quedo con el cable. (Fuguet 1998: 99)

El diálogo corresponde a *Por favor, rebobinar*, la respuesta pertenece a Pascal Barros –uno de los protagonistas– y la pregunta se refería a Venecia. Esta cita es paradigmática del uso de los medios en estos relatos. Y es a partir de ella que puede pensarse la específica relación que se establece entre esta literatura y la cultura de masas.

La crítica ya ha señalado su mimetismo con esa cultura[56] y su apoliticidad[57]; si bien lo primero resulta evidente, creo que así como sus modos de uso de los medios producen una inflexión distinta a la de sus antecesores, también sus formas de politicidad pueden ser distintas. Me interesan estos relatos como el punto en el que culmina esa larga tradición de contacto con lo masivo, como un momento de cruce e inversión de muchas líneas, a veces contradictorias, que se desarrollaron a lo largo del siglo. La cita mencionada permite rastrear la clase de vínculo con las formas mediáticas que ellos plantean; en todos, cultura de masas y representación del espacio urbano (o quizá su ausencia de representación) se encuentran y construyen una figura particular, en la que continúan y se diferencian simultáneamente de esa tradición que liga los medios masivos a la cultura de la ciudad.

Todos ellos trabajan y entrelazan *lo urbano y lo mediático*; este cruce es el hilo conductor por donde puede seguirse una larga his-

---

[56] Edmundo Paz-Soldán, señala: «[Los nuevos narradores] se mueven con soltura en un mundo de fast-food y fast-culture [...] son acaso la primera generación de escritores más influenciada por los medios de comunicación de masa que por la misma tradición literaria» (2002: 43).

[57] Desde una perspectiva bastante dogmática Rodrigo Cánovas considera a Fuguet como ejemplar del «impacto de *Media* en el relato literario», pero señala que en él «se ha extraviado un referente popular utópico, siendo sustituido por las ilusiones que crea el modelo estadounidense» (1997: 59).

toria de representaciones que pasa por Arlt, Puig, la narrativa de la Onda y llega hasta Luis Zapata. En todos, la ligazón entre ciudad y medios ha ido constituyendo un modo de representar la experiencia, un modo de construir identidades y de politizar la mirada. Los textos de un Fuguet o un Gómez recogen esta herencia y le dan un inflexión propia que les permite oponerse a otra tradición y a otra lectura del espacio latinoamericano.

Como sabemos, las ciudades también pueden construirse en los libros; es más, muchas veces nuestras imágenes de ellas nacieron en los textos[58]. Se crean allí imaginarios, se configuran espacios, ciudades que definen identidades históricas y culturales[59]. La imagen construida se impone a veces con más fuerza que la proveniente de la experiencia. Y esos espacios, como señala Bachelard, pueden ser refugios, ámbitos de pertenencia y reconocimiento, hogares, «rincones propios en el mundo» (1997: 125). Casi siempre la literatura ha configurado ciudades donde es posible reconocerse, ciudades con marcas de identidad, imaginarias, sí, pero no por eso menos «reales» (los ejemplos obvios abundan: el Madrid de Galdós, el París de Baudelaire, el Buenos Aires de Borges).

La narrativa vinculada con la cultura de masas es urbana y en ella se reitera a lo largo del siglo este cruce: la ciudad es el ámbito por excelencia donde imperan los signos de esa cultura. Los personajes de Arlt viven y caminan por un Buenos Aires que aunque hostil es suyo: siempre expulsados de su prosperidad, lo recuperan como su único mundo posible, se hacen dueños de él en su constante andar. Tanto en sus novelas como en sus *Aguafuertes*, caminar por la ciudad es

---

[58] «La literatura, pues, impone una reinvención de las ciudades [...] las ciudades reales son, en los textos, de la misma materia ilusoria que las ciudades imaginarias» (Campra 1994: 20-21).

[59] «La ciudad como espacio ideal ha sido [...] no sólo un escenario donde los intelectuales descubrieron la mezcla que define a la cultura argentina, sino también un espacio imaginario que la literatura inventa y ocupa» (Sarlo 1996: 184).

apropiarse a través de la mirada de los bienes ajenos, participar, sufrir, adquirir identidad: el personaje se constituye en relación con esa cultura urbana, en un vínculo de odio/amor con ella[60]. En la narrativa de la Onda, la ciudad es a pesar de sus peligros un lugar donde los protagonistas se reconocen; allí se mueven en ámbitos precisos que les proporcionan identidad y sentido de pertenencia. Asimismo, el relato de Zapata, *El vampiro de la colonia Roma*, dibuja –como se vió en el capítulo III– con exactitud espacios particulares de la ciudad de México. El protagonista se desplaza por la ciudad y recorre colonias, calles, cines y restaurantes transformándolos en su propio territorio. Signos mediáticos y vida urbana están para Adonis fusionados y su identidad sexual se ha constituido a través de ese vínculo[61].

Por el contrario, en la cita mencionada de *Por favor, rebobinar*, Venecia sólo es un ámbito en el cual se ve televisión, la única ventana es la pantalla que transmite lo mismo que puede verse en Santiago o en Madrid. El mundo se ha convertido en puro espacio virtual, sólo es una imagen mediática: de este modo, se suceden expresiones como «ciudades ajenas», «calles vacías», «puras imágenes». Las ciudades han perdido su particularidad, su encanto turístico o cultural, están como todo lo demás atravesadas por la experiencia mediática. Ya no se trata de espacios definidos o percibidos a través de sus signos; antes bien, éstos los han reemplazado, han creado un nuevo espacio sustituto del real. Si las representaciones de las ciudades en los textos

---

[60] En un *Aguafuerte*, «El placer de vagabundear», dice el narrador: «Los extraordinarios encuentros de la calle. Las cosas que se ven. Las palabras que se escuchan. Las tragedias que se llegan a conocer. Y de pronto, la calle, la calle lisa y que parecía destinada a ser una arteria de tráfico con veredas para los hombres [...] se convierte en un escaparate [...] aquél que no encuentra todo el universo encerrado en las calles de su ciudad, no encontrará una calle en ninguna de las ciudades del mundo» (Arlt s/f: 43-44).

[61] Remito a un fragmento ya citado en el capítulo III: «empecé a salir muchísimo a la calle [...] me sentía fascinado por la ciudad» (1979: 200), «en aquella época no nomás la ciudad me fascinaba también la gente» (1979: 208).

implican siempre un intento de interpretación de las relaciones hombre/sociedad, una lectura de los resultados de esa interacción, en los «textos McOndo» este vínculo parece haberse roto, todo intercambio depende de una pantalla y el hombre se encuentra aislado de un ámbito cuyos signos ya han perdido significado.

Las ciudades se han convertido en «no lugares» en el sentido en que usa el término Marc Augé[62]. Si un lugar es un espacio de identidad, de relaciones y de vínculos históricos, los no lugares, productos característicos de la posmodernidad, se definen por la ausencia de estas marcas. La ciudad fue siempre sinónimo de multitud: los caminantes transforman una calle en espacio urbano, ligado a su propia historia[63]. El recorrido de los personajes de Arlt o de Zapata construye sus identidades indisolublemente unidas a zonas de la ciudad de México o de Buenos Aires. Ellos se reconocen en un código masivo, el folletín o el *kitsch*, pero éste cobra sentido en un territorio urbano preciso. Si la ciudad es «a la vez un lugar para habitar y para ser imaginado», como señala García Canclini en *Imaginarios urbanos* (1997: 109), en los relatos McOndo el cable ha reemplazado a la ciudad, nada hay para ver en ella, nada puede imaginarse que no sea *a través* de una forma mediática. La ciudad no tiene nada que ofrecer sino peligros: «A pesar de que hay mucho ruido en la calle, uno tiene la impresión de que no pasa nada importante. No hay que confiarse, sin embargo [...] Hay que andar rápido, con cuidado», dice el narrador en *Fue ayer y no me acuerdo* de Jaime Bayly (1996: 203). Lo mismo ocurre con los viajes,

---

[62] «Un espacio que no puede definirse ni como espacio de identidad ni como relacional ni como histórico, definirá un no lugar [...] la sobremodernidad es productora de no lugares [...] que, contrariamente a la modernidad baudeleriana, no integran los lugares antiguos» (Augé 1993: 83).

[63] Uso aquí la noción de espacio en el sentido que le da Michel de Certeau: El espacio es «un lugar practicado» (1996: 173), está animado por el conjunto de movimientos que se despliegan en él. Los usos de la ciudad por parte de los personajes de Arlt o Zapata serían ejemplares de esta definición.

son desplazamientos que no dejan huellas: «Venía de un viaje por los EEUU donde no había aprendido nada» se dice en *Adiós Carlos Marx, nos vemos en el cielo* de Sergio Gómez (1993: 127). Las ciudades son intercambiables porque son espacios de pasaje o «no lugares», aeropuertos y hoteles donde se mira televisión y donde se está siempre solo.

En este sentido, Richard Sennett nos recuerda que «los espacios urbanos cobran forma en buena medida a partir de la manera en que las personas experimentan el cuerpo» (1994: 394). A medida que ese espacio se convierte en mera función de movimiento se hace menos estimulante, sólo se trata de atravesarlo, no de ser atraído por él. La desconexión y el aislamiento corporal se refuerzan en esos «no lugares» característicos de la era mediática:

> el espacio se ha convertido así en un medio para el fin del movimiento puro –ahora clasificamos los espacios urbanos en función de lo fácil que sea atravesarlos o salir de ellos. El aspecto del espacio urbano convertido en esclavo de estas posibilidades de movimiento es necesariamente neutro: el conductor sólo puede conducir con seguridad con un mínimo de distracciones personales. (Sennett 1994: 20)

Así se desplaza el protagonista de *Mala onda* a través de Santiago: la ciudad es vista a velocidad o a distancia, desde la perspectiva de una autopista, un centro comercial o una pantalla panorámica; él no participa, sólo reitera el gesto del espectador frente a las imágenes del televisor:

> Subes por la Kennedy, que brilla ancha y blanca, bajo luces de mercurio y sigues cambiando la radio [...] Allá abajo, ni tan lejos, más allá de unas feroces casas tipo mediterráneo, está Santiago. Parece un montón de Legos iluminados, esparcidos al azar (Fuguet 1991: 51-69).

En los relatos de Zapata, en especial en el *Vampiro...*, el mundo de los medios está fusionado con la experiencia urbana y constituye la subjetividad del protagonista, que reconoce ese mundo como propio y en él se relaciona con los demás. Las novelas de Fuguet y Bayly, por el contrario, proponen personajes que habitan ámbitos vacíos, que se han vuelto irreconocibles, ajenos, y donde la única mirada que se devuelve es la de una pantalla mediática. Si todos los espacios son iguales, nada distingue a Santiago de Buenos Aires o a México de París o Venecia. En todas esas ciudades podemos ver los mismos cables y las mismas películas o escuchar la misma música. Es paradigmático el protagonista de *Fue ayer y no me acuerdo*, quien permanece en Madrid encerrado en su hotel, mirando televisión y consumiendo hamburguesas sin establecer jamás contacto con nadie, sin interesarse jamás por conocer la ciudad. Nada más alejado de los clásicos relatos de viajes constituidos por el «ver y participar» que estos textos, en los que el afuera carece de interés si no se lo aprehende a través de la mediación tecnológica[64]. Si la ciudad, como dijo Barthes en un artículo ya clásico –«Semiology and the Urban» (1986)–, habla a sus habitantes y nosotros le hablamos a nuestra ciudad, ese diálogo resulta interrumpido en estos relatos del fin de siglo. Los personajes se repliegan y ya no acuden a la cultura de masas como un sistema que permite decodificar los signos de la ciudad, antes bien sustituyen *por medio de ella* el contacto con el mundo exterior.

El espacio urbano, en particular desde el siglo XIX, se ha vuelto protagonista de gran cantidad de relatos y su representación literaria ha sido siempre particularmente significante. También lo es su ausencia de representación, tan significativa como puede serlo la actividad del «flâneur» en Baudelaire, ese paseante que se mueve entre la multitud llevado por el placer, por el deseo de mirar la modernidad. La inversión de esta mirada, de esta inmersión en la ciudad y la calle se

---

[64] Recuérdese a Michel de Certeau, quien en el capítulo «Relatos de espacio» señala cómo la estructura de los relatos de viajes implica la necesidad de «ver» y «hacer» (1996: 177): una suerte de participación en los recorridos que permite la cita y autoriza la historia.

da un siglo después, cuando parece que ya no hay nada que percibir de ese mundo en el fin del milenio. La ciudad de Arlt es la ciudad moderna, «un espacio privilegiado donde las formas concretas y simbólicas de una cultura en proceso de cambio se organizan» (Sarlo 1996: 194). Las ciudades de Fuguet, Bayly o Gómez, por el contrario, son espacios desintegrados, en diáspora, en el que ninguna cultura ni sociabilidad parece organizarse o perdurar.

De este modo, si bien los medios han homogeneizado la experiencia, han vuelto familiar lo virtual y ajeno el mundo cotidiano, también han proporcionado el único refugio seguro frente a una ciudad que se siente vacía y peligrosa. Si la utopía era el no-lugar como espacio imaginario, deseado o ideal, el «no lugar» –en el sentido de Augé– es su opuesto, *lo contrario de la utopía*, y se caracteriza justamente por la ausencia de todo proyecto utópico. Estos no lugares son la medida de nuestro tiempo, su representación en los relatos expone la ausencia (o la imposibilidad) en el fin del siglo XX de cualquier esperanza utópica; se trata de un mundo donde los individuos no están socializados ni localizados, donde sólo son espectadores pasivos[65].

Por este motivo, los relatos han sido considerados como expresiones «posmodernas» ejemplares de la cultura de masas y, por lo tanto, como una narrativa despolitizada cuyo único interés se concentra en el consumo de esas formas. Se tiende a asimilar los textos al mundo de lo representado en ellos: se reduce así el sentido a lo expreso y se olvida que en la literatura la significación sigue caminos más complejos y desviados que el de una lectura lineal. De este modo, más allá de reiterar la representación de una generación apática e

---

[65] Vattimo señala que «una de las características esenciales de la utopía en el siglo XX es el imponerse y difundirse de ese género literario al que diversamente ha calificado de antiutopía, distopía, contrautopía […] la literatura y las restantes formas de arte utópicas […] han venido produciendo imágenes del mundo "perfectamente negativas"» (1992: 95).

idiotizada⁶⁶, los recorridos sin propósito ni objeto de esos jóvenes por la ciudad tienen como telón de fondo permanente un marco histórico que le da su sentido político a cada historia.

Mala onda transcurre entre el 3 y el 14 se septiembre de 1980, en vísperas del plebiscito organizado por el dictador Pinochet para aprobar su proyecto de «constitución». Si en el comienzo de la novela el protagonista parece ignorar quién es el Che Guevara y le molestan las alusiones a la dictadura, en su deambular por la ciudad el contexto político va interfiriendo y dejando huellas cada vez más notorias⁶⁷. Estas huellas culminan en un recorrido por Santiago en el que el personaje, rodeado por el enfrentamiento entre manifestantes y policías, se refugia en el club social de su abuelo⁶⁸. La imposibilidad de aislarse de la violencia y de la multitud que lo invade desemboca en

---

⁶⁶ «una generación desencantada, idiotizada, apática, solitaria, traumada, sobreestimulada y adicta» (Fuguet 1998: 86).

⁶⁷ El texto está escandido por numerosos ejemplos: «Estoy al sur de la ciudad. Cerca de la Circunvalación Américo Vespucio [...] desolada, ancha y con luces amarillas; y varios bloques de departamentos con rayados a favor del NO y contra la CNI. Nada más. Ni siquiera pasaba un auto. No quise bajarme: la sola idea de estar ahí parado, expuesto, me resultó impensable, así que seguí a bordo. [...] No hay luces, ni siquiera edificios; tan sólo construcciones callampas y tipos que se amontonan en las esquinas» (1991: 280-281); «Estamos frente al Teatro Caupolicán [...] Las cortinas metálicas de las tiendas de bicicletas siguen rayadas con consignas que dicen *NO, Viva Frei!* y, justo en el local donde compré mi Benotto, *Abajo la dictadura*» (1991: 288); «En Ahumada y Huérfanos aún está la patrulla militar de anoche, ahora con refuerzos: un carro lanza-agua y más pacos de los necesarios. Hay además un quiosco donde se venden diarios del exterior [...] uno que se llama *El País*, de España, con una foto de Pinochet con anteojos oscuros en primera plana» (1991: 301).

⁶⁸ «El centro está en tensión, me fijo. Hay demasiada gente y todos miran a todos. Por el tipo de mirada, uno sabe quién vota SÍ y quién NO. En todas las esquinas hay pacos. Y perros policiales que olfatean [...] Antes de que me apaleen, me meto al Café Haití [...] Yo me voy. Esto se está poniendo heavy» (1991: 309-313).

«el vacío total que siento» (1991: 334) del último capítulo. Lo mismo les ocurre en su andar sin rumbo al incendiario y a los amigos de *Vidas ejemplares* y en sus erráticos viajes a los personajes en los cuentos de *Adiós, Carlos Marx, nos vemos en el cielo* de Gómez, que desde el título anuncia la clausura de una época y una utopía[69].

Por favor, rebobinar nuevamente proporciona indicios fundamentales para esta lectura: relato/compendio –como ya se dijo– de la estética McOndo, disemina cantidad de elementos autorreflexivos que actúan como «puestas en abismo» del texto mismo. En especial funcionan de este modo las descripciones de las novelas y películas proyectadas por los personajes, como es el caso de «Las hormigas asesinas», que condensa todos los elementos considerados claves en el sistema McOndo. Su protagonista está aislado en una ciudad hostil y devorado por el consumo de las formas mediáticas:

> un disc jockey que trabaja en una discotheque gótica [...]. Por las noches Paul no duerme, pone música. De día, dormita. Y va al cine, compra discos, devora revistas, ingiere fast-food. Un hombre y su pieza. Un hombre solo, un solitario que ya ni siquiera deambula. Paul Kazán, perdido en Santiago, acostumbrado a sí mismo, encerrado en la cárcel que se construyó no se acuerda cómo. (Fuguet 1998: 155)

La descripción reitera el vínculo entre medios masivos, encierro y abandono de la vida urbana ya señalado, pero se agrega aquí otro indicio que otorga a ese aislamiento una significación política:

---

[69] Muchos personajes de *Adiós, Carlos Marx...* de Sergio Gómez «emigran» a *Vidas ejemplares*; esta saga de un grupo de jóvenes a fines de los ochenta contiene todos los ítems «McOndo»: el incendiario que maneja un taxi y recorre la ciudad –«avanzamos lentamente, revisando las calles parcialmente vacías» (1994: 16)– es paradigmático: los incendios resultan el acontecimiento –«aparentemente no sucedía nada en la ciudad en ese tiempo. [...] Por lo menos hasta los incendios» (1994: 10)– que reemplaza al vacío y la ausencia de sentido de esas «vidas ejemplares».

IV. Entre el placer y la decepción

Santiago ha sido devastado por tormentas, aludes, apagones y deslizamientos. [...] Pero lo que nadie sabe es que [...] el río pasó a llevar una bodega de ferrocarriles donde, años atrás, para el Golpe, fueron fusilados y enterrados vivos medio centenar de obreros. [...] Y ahora se ha trizado. Lo suficiente para que cientos de hormigas que quedaron atrapadas, alimentándose de esos cadáveres y de ellas mismas, salgan a la calle. Entonces empieza la epidemia... (Fuguet 1998: 156)

El aislamiento, el refugio en un mundo constituido por la cultura mediática permiten escapar de ciudades «devastadas por la epidemia», peligrosas, donde ya nadie socializa ni comparte, asaltado por el temor al otro. La pantalla del televisor que nos devuelve un mundo de cultura global ayuda a olvidar que caminar por las calles de esas ciudades es también andar sobre miles de cadáveres sin enterrar, pisar un pasado de horror reprimido que vuelve en cada «deslizamiento». Después de un siglo de íntima relación entre la representación de lo urbano y lo mediático, éste se vuelve el espacio donde protegerse de esas ciudades que se han vaciado de vida. La multitud que fascinó a los personajes de la modernidad sólo es signo de violencia política para el narrador de *Mala onda*, las calles han quedado desiertas y en ese sentido los relatos McOndo pueden leerse como una desesperanzada y muy politizada representación de la vida en un espacio arrasado por el totalitarismo[70]. Los medios reproducen el rol contradictorio que siempre es objeto de los debates sobre ellos: son refugios, escapes que ayudan a no pensar, al tiempo que es a través de ellos que se hace posible una lectura que exponga –justamente– esa alienación.

A la vez, desde ese mundo global e indiferenciado que construyen, estos relatos diseñan otra América Latina que ya no es exótica o extraña. Su rechazo explícito de las fórmulas del realismo mágico es el

---

[70] Leo esta politización en los modos de representación de los textos, independientemente de las posiciones personales de los autores del grupo McOndo o de sus proyectos explícitos, que no son el objeto de mi trabajo.

elemento que los une y establece un espacio de discusión mas allá de la polémica con los autores, lectores y académicos del primer mundo que insisten en la búsqueda de hechos maravillosos y a quienes «los árboles de la selva no les dejan ver la punta de los rascacielos», como se dice en el prólogo de *McOndo* (Fuguet & Gómez 1996: 14)[71]. Este rechazo puede leerse, claro, como una estrategia contra una estética y también contra una mirada que desde el exterior reduce y congela en la diferencia. Pero hay que recordar que los textos del realismo mágico forman parte de una tradición mucho más amplia y comparten un imaginario sobre América Latina con relatos poco sospechosos de adherirse a esa estética. Autores como Carpentier o García Márquez –pero también Cortázar o Borges– construyen un sistema de representaciones sobre Latinoamérica en los que se exacerba la dicotomía entre dos espacios (uno «civilizado» y el otro «natural»). Se dibuja y se insiste en una figura constituida por diferencias, en la que la naturaleza define la «zona latinoamericana» frente a una cultura europea siempre sinónimo de civilización. Se trata de un discurso armado con multiplicidad de textos, de voces y de registros, que ha conformado un poderoso imaginario con el que se lee y en consecuencia se interpreta América Latina. En ese sentido, la insistencia de los «textos McOndo» en la cultura urbana, en la pertenencia a un mundo globalizado y en la semejanza de códigos masivos y sociales con los del primer mundo es una respuesta explícita a esa tradición[72].

---

[71] Este prólogo ha terminado por ser una carta de presentación del grupo McOndo (a pesar de todos los reparos que a la noción de grupo pueda hacerse en este caso). En la medida en que funciona y ha sido leído como un manifiesto, es inevitable la referencia. En él son visibles las tácticas encaminadas a enfrentar la tradición realista-mágica y a proponerse como una nueva narrativa que la reemplace en la consideración de los lectores y críticos, especialmente europeos y norteamericanos.

[72] Podría, sin embargo, objetarse que el mismo intento de borrar esas dicotomías apelando a una similitud cultural compartida, restituye la binariedad del pensamiento, ahora ya no en la forma de la oposición sino en la de la semejanza

La realidad «pixelada»: una nueva pantalla para la ilusión

Sueños digitales (2000) de Edmundo Paz Soldán puede considerarse un relato de ciencia ficción en el que resuenan los ecos de un Philip K. Dick, pero también es una «versión electrónica posmoderna» de *La invención de Morel* (1940) de Adolfo Bioy Casares; éste, a su vez, nos remite a un cuento aparentemente muy lejano, «El vampiro» de Horacio Quiroga, publicado en la colección *Más allá* en 1935. Por esta razón, la novela cuestiona −en tanto es un compendio de citas cultas y remisiones a la «alta literatura»− a quienes sostienen que estos relatos se fusionan de modo absoluto con la cultura de masas y son totalmente despolitizados.

Sueños digitales explora todas las posibilidades de la reproducción de imágenes, todo lo real es o se confunde con fotografías, pantallas de televisores, computadoras, juegos electrónicos. Todos los personajes están involucrados con la imagen de una u otra manera: se exaspera así la ambigüedad y confusión entre lo real y lo artificial, todo resulta simulacro, montaje, vida digital y «color magenta». La expresión «digitalizar la realidad» podría condensar todo el relato y, al mismo tiempo, conectarlo con *La invención de Morel*[73]. El protagonista de *Sueños digitales* trabaja insertando y borrando de las fotos −y de la historia− personajes y escenas, haciendo con los otros lo que el narrador de *La invención...* logra consigo mismo hacia el final de la novela: incorporarse al «film», hacer un montaje como el que admira en las películas. La máquina, archivo de imágenes y constructora de fantasmas artificiales en el relato de Bioy, se duplica en la computadora de *Sueños digitales*, y la frase de Morel «Yo y mis compañeros somos

---

y la asimilación. El debate parece siempre quedar atrapado en la necesidad de pensarse a partir de, en contra de, en relación con el otro. El primer mundo, claro.

[73] La imagen es definida como «el impacto digital en las aguas estancadas de la realidad» (Paz Soldán 2000: 68) y la manipulación de imágenes es la constante en «la hora de los sueños digitales» (2000: 238).

apariencias, somos una nueva clase de fotografías» (Bioy Casares 1991: 91) es un punto de cruce entre los tres relatos, vale para todos y nos recuerda la «alucinación en movimiento» (1997: 182), el fantasma de «El vampiro». Nueva clase de fotografías, formas derivadas del cine, nuevos modos de manipulación, las tres historias giran en torno a mujeres imposibles de asir: Nikki, con nombre de máquina fotográfica en la que todo es «posiblemente falso», duplica en *Sueños digitales* a Faustine de *La invención de Morel*, pálida sombra inalcanzable, doble de la actriz fantasmal de «El vampiro». La sombra femenina desencadena el relato y la acción siempre suicida de los protagonistas.

En todos los casos se busca atrapar lo real, modificarlo, producirlo o reproducirlo a partir de la máquina, y se opta por lo artificial como forma más perfecta de la vida. Estamos otra vez en el corazón del debate en torno a los medios: máquinas que matan a la vez que producen la inmortalidad (al menos alguna clase de inmortalidad), estas extensiones del cine en clave de ciencia ficción son formas de la cultura mediática que vampirizan lo real. No parece casual que el nombre de la computadora en *Sueños digitales* –Lestat[74]– evoque el título del cuento de Quiroga. Vampirizar, por otra parte, es aquí una relación reflexiva, el manipulador o el inventor resultará siempre tragado, borrado por su máquina; la ilusión de inmortalidad se consigue entonces a costa de la vida. Reproducir, manipular, falsificar, preservar: es interesante cómo los textos –en especial la novela de Paz Soldán, donde se hace explícito– dramatizan la polémica central sobre los medios masivos. Formas por excelencia de lo fugaz, responsables de la pérdida de memoria histórica, son en *Sueños digitales* esto y a la vez su contracara: posibilidad de borrar, digitalizando las imágenes, el pasado siniestro de un dictador fácilmente identificable, pero

---

[74] Lestat es un personaje de las *Crónicas Vampíricas* de Anne Rice. Aparece por primera vez en *Entrevista con el vampiro* y se vuelve protagonista narrador en *El vampiro Lestat*.

también única forma (gracias al archivo de negativos) en que quizá sea posible reconstruir ese pasado en un futuro sin esperanzas, donde las imágenes han matado y reemplazado, como en Bioy y Quiroga, a la vida real.

Sueños digitales, lo mismo que *La invención de Morel*, reúne en el mismo punto, en la reproducción de imágenes, un proyecto utópico que es a la vez una distopía totalitaria –recuérdese otra novela de Bioy, *Plan de evasión* y sus islas-prisiones, en una de las cuales hay un castillo, obvia cita de Kafka, que aquí se reitera en la Ciudadela donde trabaja el protagonista. Los seres digitales, sueños o quimeras, se transforman en pesadillas y siguen el mismo proceso que los «fantasmas artificiales» de los anteriores textos. La muerte es siempre la única salida que espera a los protagonistas atrapados por las imágenes. En Bioy insertarse en la historia fantasmal es una forma de inmortalidad, en *Sueños...* el suicidio –que invierte el final de *La invención...*, al borrarse las imágenes primero que las personas– indica un paso más hacia la resolución distópica. Ninguna ilusión sobrevive y si alguna posibilidad de memoria subsiste ésta se halla sólo en el archivo de negativos. Es interesante ver la referencia, pero también la distancia que media entre el protagonista de Paz Soldán, que en su infancia se «pasaba recortando fotos de revistas» y haciendo collages a los que llama «tristes fotomontajes», y Toto, el personaje de *La traición de Rita Hayworth* de Manuel Puig, para quien la misma actividad representa el ingreso en el imaginario y, por consiguiente, el escape por medio de la fantasía cinematográfica[75].

Sueños digitales se construye entonces también sobre una tradición «culta» que se pregunta desde muy temprano sobre la presencia (y los efectos) de los medios, se inquieta sobre sus «resultados fatales» y le

---

[75] «Me la pasaba recortando fotos de revistas y me encantaba hacer collages [...] Un triste fotomontaje. Ni para comparar [con las imágenes digitales]» (Paz Soldán 2000: 18-19).

atribuye pocas alternativas de salvación a su capacidad de memoria histórica. El relato, atravesado por líneas donde se cruzan Philip K. Dick, la literatura cyberpunk y una ciencia ficción impecablemente «alta y culta», parece contradecir así la acusación de «antiliterario» que recae sobre el grupo.

En 2003 Paz Soldán publica su siguiente novela, *El delirio de Turing*, casi una continuación de la anterior; de hecho hay alusiones al protagonista y a episodios de *Sueños...*[76]. El mundo de la realidad virtual, de los *hackers* y el lenguaje cibernético se reitera y expande, otra vez atravesado por la tradición literaria canónica. El relato puede leerse como una versión *mass media* en el siglo XXI del cuento de Jorge Luis Borges «La biblioteca de Babel», del que está tomado uno de los epígrafes[77]. La obsesión por el desciframiento y la búsqueda del sentido convierte todo en signo, todo es susceptible de interceptarse, interpretarse, decodificarse, en un mundo en que lo virtual es lo único que produce la ilusión de lo «real verdadero». Los diversos descifradores repiten la actitud del protagonista de *Sueños digitales*, son «burócratas del mal» (véase Arendt 2001) a quienes poco les importa el sentido de sus decodificaciones[78]. Sus delirios –ya sea el de

---

[76] A propósito del uso que hace el protagonista de *El delirio...* de un Ser digital se explica, encerrándola entre paréntesis, su historia: «los Seres digitales combinaban la cabeza de un animal fabuloso o una personalidad famosa, con el cuerpo de otro [...] El creador de los Seres digitales era un diseñador gráfico desaparecido en circunstancias misteriosas [...] su hermana había patentado su invento y le buscaba las aplicaciones más inverosímiles» (Paz Soldán 2003: 173).

[77] En el epígrafe se incluye un fragmento que funciona como el «disparador» del delirio interpretativo que domina a varios personajes de la novela: «Esas proposiciones, a primera vista incoherentes, sin duda son capaces de una justificación criptográfica o alegórica [...] No puedo combinar unos caracteres *dhcmrlchtdj* que la divina Biblioteca no haya previsto y que en alguna de sus lenguas secretas no encierren un terrible sentido» (Paz Soldán 2003: 9).

[78] «Te has concentrado obsesivamente en tu trabajo, sin preguntarte por las consecuencias [...] tus principios son los del gobierno de turno» (Paz Soldán 2003: 96).

Albert con su convicción de ser la inmortal reencarnación de todos los posibles criptógrafos de la historia o el de Turing, persuadido de poseer una capacidad y eficiencia que se revela engañosa– forman parte de los juegos de interpretación al servicio del poder. Sus actividades sostienen un sistema en el que, lo mismo que en la anterior novela, es fácil reconocer la Bolivia del gobierno de Banzer, quien, luego de haber sido dictador, ganó las elecciones como presidente legítimo. En el marco de esa coyuntura histórica es que se desarrollan dos proyectos simultáneos de la oposición, uno convencional y el otro virtual: en el ciberespacio, en torno a Kandinsky, el líder de los *hackers*, se organiza la resistencia al gobierno, las multinacionales y los proyectos de globalización. De este modo el regreso a la utopía adquiere un nuevo camino: en internet se inicia una lucha paralela a los tradicionales motines de protesta. El plan de Kandinsky comienza con un ensayo de insurrección virtual –«Recuperación»– con avatares en el Playground, y como indica el nombre del café internet al que suele acudir, *Portal a la Realidad*, el juego servirá de punto de partida para la Resistencia con la que logrará «hackear» al gobierno. Si el protagonista parece retomar una propuesta política tradicional, la suya se dará –y tendrá éxito– sólo en el orden de lo virtual: «es hora de salir a la calle e iniciar la Resistencia […] Por supuesto, "salir a la calle" es sólo una metáfora. Es hora de ingresar a las computadoras e iniciar la Resistencia» (Paz Soldán 2003: 219)[79].

Como puede verse, las novelas de Paz Soldán se anclan sin decirlo explícitamente en precisos episodios históricos; en la etapa postdictaduras militares latinoamericanas –y en esto se ligan claramente con los relatos de Fuguet– ya nada cabe buscar ni esperar, parecen clausuradas las posibilidades utópicas: se trata de un mundo donde

---

[79] «Imagina un ejército de jóvenes que retomen las propuestas utópicas y de cambio social de generaciones anteriores. Que sacudan su apatía y echen a andar su furia contra el gobierno vendido a las transnacionales, contra el nuevo orden global» (Paz Soldán 2003: 169).

todos somos espectadores sin poder alguno, y es aquí donde estos relatos se abren a otra lectura. Es decir, las representaciones de esos ámbitos angustiosamente vacíos, reemplazados por la cultura mediática en la constitución de la experiencia, construyen una figura en la que puede leerse una evaluación política de la época. El aislamiento y el refugio en lo virtual ayudan a escapar de esos espacios peligrosos donde ya nadie puede verse reflejado en la mirada del otro[80]. La pantalla del televisor, los juegos en la computadora —como las imágenes manipuladas por el protagonista de *Sueños digitales* y los universos virtuales sustituyendo al real en *El delirio de Turing*— nos permiten «digitalizar» la realidad y olvidar la historia, pero, a la vez, dejan pocas opciones de escape.

En particular los relatos de Paz Soldán aquí considerados pueden leerse como una politizada —y poco esperanzada— representación de la vida en un mundo devastado por la dictadura y los planes neoliberales subsiguientes. Apenas se esboza en *El delirio de Turing* una alternativa utópica, una salida puramente virtual, gracias al proyecto de la Resistencia, cuya continuidad queda asegurada con las palabras finales: «Después, volverá a la carga. Ya tiene pensado el nombre de su nuevo grupo: Kandinsky Vive» (Paz Soldán 2003: 313).

El encuentro de las formas masivas y la tecnología con el paradigma del canon literario genera una novela donde se propone abiertamente lo que ya comenzaba a desarrollarse en *Sueños digitales*: la posibilidad de un nuevo tipo de acción política. El cierre de la primera parte del texto fusiona —por medio de la grafía característica del chateo— política y mundo virtual; como dice el narrador, es el comienzo del ciberhacktivismo, una utopía pirata que une en la pantalla la foto

---

[80] «ambos observaron a Pixel agazapado sobre un bosque de colores supersaturados en la pantalla del computador. Se acercaron; Pixel farfullaba en una lengua extraña [...] Sebastián quiso acercarse y perderse en un abrazo. Sin embargo, no pudo mover un paso, y se quedó inmóvil, desviando los ojos hacia la pantalla apagada del computador» (Paz Soldán 2000: 225-228).

de Marx y un graffiti –es decir, una nueva forma de lucha que parece refuncionalizar la tradicional despolitización de los medios masivos.

Podemos pensar entonces estos relatos como resultado de una doble estrategia: por una parte, herederos de una narrativa que piensa el vínculo con la cultura de masas como tensión, apropiación y diferencia. Sin embargo, en el fin del siglo XX y los comienzos del XXI estos textos ya no pueden establecer ninguna distancia con esa cultura que ha invadido todo y es la vía de acceso a la experiencia. En ese presente el mundo se lee como un espacio solitario y peligroso, donde los únicos interlocutores posibles son virtuales y donde los signos mediáticos se han convertido en el último refugio donde replegarse luego del desastre. La aparente y engañosa «liviandad» de los relatos los asimila a la producción masiva leída desde una visión adorniana y oculta cómo, con estrategias diferentes, se incluyen ellos también en esa tradición literaria que ha politizado los relatos *por medio* de la cultura de masas.

Por otra parte, con esta configuración espacial y cultural, los textos «McOndo» rechazan y cuestionan –como ya se dijo– un imaginario que a lo largo del siglo XX, desde la novela regionalista hasta el *boom*, se ha vuelto ya un modo de pensar lo latinoamericano. En este sentido, al unir mass media y cultura urbana proponen una doble táctica estético-política: en tanto rechazan al realismo mágico, polemizan con una mirada canónica que a partir de él se ha constituido en la lectura dominante. Dibujan así nuevos espacios desencantados, anti-utópicos, pero también estratégicos y en lucha por imponer otro canon y otra mirada sobre América Latina.

En la narrativa «McOndo» culmina así en el fin de milenio una red de filiaciones, una cadena textual que se reiteró a lo largo del siglo en gestos y modos de uso, apropiaciones y diferencias con las formas masivas y populares. Un equilibrio inestable signado por la atracción y el deseo de explotar su seducción, pero también por la necesidad de establecer distancias. Este juego de complejas estrategias y ambigüedades restituye constantemente las distinciones entre culturas «altas» y «bajas»; expone la imposibilidad de la fusión absoluta, del olvido de todas las jerarquías y recuerda que toda lectura –incluida esta lectura– de la diferencia cultural implica siempre la mirada desde otro espacio. Pero al mismo tiempo, y en esto consiste gran parte de su fascinación y su sentido político, este juego sólo puede articularse *con* y *a través* de esas formas poco prestigiosas, incorporándolas, cambiando gracias a ellas el mapa cultural y desestabilizando sus fronteras. Esta narrativa se propone, sin duda, como un nuevo canon cuyo mayor encanto está en su constante cuestionamiento de todo intento de fijarlo, de ceñirlo a espacios ya definidos. Perpetuo placer del equilibrio inestable con que ingresa al siglo XXI, ocupa un espacio dominante y recuerda que la literatura es siempre desafío de lo ya consolidado, consagrado e indiscutido. Y puede ser, además, un serio ejercicio político de seducción.

Bibliografía

Acosta, Leonardo (1986): *Novela policial y medios masivos*. La Habana: Letras Cubanas.
Acosta Cruz, María I. (1993): «Historia y escritura femenina en Olga Nolla, Magali García Ramis, Rosario Ferré y Ana Lydia Vega». En *Revista Iberoamericana* LIX (162-163): 265-277.
Actes (1992): *Colloque «Les mauvais genres»*. Les Cahiers des Para-littératures. Liège: Ed. du C.L.P.C.F.
Adorno, Theodor W. & Horkheimer, Max (1994): «La industria cultural». En *Dialéctica de la ilustración*. Madrid: Trotta, 165-212.
Agustín, José (1966): *De perfil*. México: Joaquín Mortiz.
Alloway, Lawrence (1983): *Lichtenstein*. New York: Abbeville Press.
Alomes, Stephen & Hartog, Dirk den (eds.) (1991): *Post Pop. Popular Culture, Nationalism and Postmodernism*. Victoria: Victoria University of Technology.
Alonso, Carlos (1991): «*La tía Julia y el escribidor*: The Writing Subject's Fantasy of Empowerment». En *PMLA* 106: 46-59.
Amar Sánchez, Ana María (2008): *El relato de los hechos. Rodolfo Walsh: testimonio y escritura*. Buenos Aires: Ediciones de la Flor.
Amey, Claude (1988): «Roman policier et texte juridique». En *Poetique* 76: 429-449.
Arendt, Hannah (2001): *Eichmann en Jerusalén. Un estudio sobre la banalidad del mal*. Barcelona: Lumen.
Arlt, Roberto (1958): *El juguete rabioso*. Buenos Aires: Losada.
— (s/f): *Aguafuertes porteñas*. Buenos Aires: Losada / Rei.
Ashley, Bob (1989): *The Study of Popular Fiction. A Source Book*. London: Pinter.
Augé, Marc (1993): *Los no lugares. Espacios del anonimato*. Barcelona: Gedisa.

AVERY, Robert K & Eason, David (eds.) (1991): *Critical Perspectives on Media and Society*. New York: Guilford Press.

BACHELARD, Gastón (1997): *La poética del espacio*. México: Fondo de Cultura Económica.

BACZKO, Bronislaw (1991): *Los imaginarios sociales. Memorias y esperanzas colectivas*. Buenos Aires: Nueva Visión.

BAJTIN, Mijail (1982): (1986): *Problemas de la poética de Dostoivski*. México: Fondo de Cultura Económica.

— (1990): *La cultura popular en la Edad Media y en el Renacimiento. El contexto de François Rabelais*. Madrid: Alianza.

BARRADAS, Efraín (1985): «La necesaria innovación de Ana Lydia Vega: preámbulo para lectores vírgenes». En *Revista Iberoamericana* LI (132-133): 547-556.

BARTHES, Roland (1977): *Sade, Loyola, Fourier*. Caracas: Monte Ávila.

— (1986): «Semiology and the Urban». En Gottdiener, Mark M. & Lagopoulos, Alexandros (eds.): *The City adn the Sign*. New York: Columbia University Press, 86-99.

BATAILLE, Georges (1997): *El erotismo*. Barcelona: Tusquets.

BAUDRILLARD, Jean (1991): *De la seducción*. Buenos Aires: Rei.

BAYLY, Jaime (1996): *Fue ayer y no me acuerdo*. Lima: Peisa.

BECERRA, Eduardo (ed.) (1999): *Líneas aéreas*. Madrid: Lengua de Trapo.

BELSEY, Catherine (1994): *Desire. Love Stories in Western Culture*. Oxford / Cambridge: Blackwell.

BENJAMIN, Walter (1972): «El flâneur». En *Iluminaciones 2*. Madrid: Taurus, 49-84.

— (1973): «La obra de arte en la época de la reproductibilidad técnica». En *Discursos interrumpidos I*. Madrid: Taurus, 17-59.

BERGER, Arthur Asa (1992): *Popular Culture Genres: Theories and texts*. London / New York: Sage.

BIOY CASARES, Adolfo (1991): *La invención de Morel*. Madrid: Alianza.

BOOTH, Mark (1991): *Camp*. London / Melbourne / New York: Quartet Books.

BORGES, Jorge Luis (1974): «El escritor argentino y la tradición». En *Discusión. Obras completas*. Buenos Aires: Emecé, 267-274.

BORGES, Jorge Luis & BIOY CASARES, Adolfo (1995): *Seis problemas para don Isidro Parodi*. Buenos Aires: Emecé.
BOSTEELS, Bruno (1999): «Travesías del fantasma: pequeña metapolítica del 68 en México». En *Metapolítica* 3 (12): 733-768.
BRAND, Dana (1990): «From the flâneur to the detective». En Bennett, T. (ed.): *Popular Fiction: Technology, Ideology Production, Reading*. London / New York: Routledge, 220-237.
BRANTLINGER, Patrick (1983): *Bread & Circuses. Theories of Mass Culture as Social Decay*. Ithaca / London: Cornell University Press.
BRATTON, Jacky & COOK, Jim & GLEDHILL, Christine (eds.) (1994): *Melodrama. Stage, Picture, Screen*. London: British Film Institute.
BROCH, Hermann (1979): *Kitsch, vanguardia y arte por el arte*. Barcelona: Tusquets.
BROOKS, Peter (1976): *The Melodramatic Imagination*. New Haven: Yale University Press.
BROWN, M.E. (1994): *Soap Opera and Women's Talk. The Pleasure of Resistance*. Thousand Oaks-Londres-New Delhi: Sage.
BRUNORI, Vittorio (1980): *Sueños y mitos de la literatura de masas*. Barcelona: Gustavo Gili.
BURKE, Peter (1991): *La cultura popular en la Europa moderna*. Madrid: Alianza.
CABRERA INFANTE, Guillermo (1975): «Una inocente pornógrafa». En *O*. Barcelona: Seix Barral, 39-60.
CALDAS, Waldenyr (1987): *A Literatura da Cultura de Massa (Uma Análise Sociológica)*. São Paulo, Lua Nova.
CALINESCU, Matei (1991): *Cinco caras de la modernidad. Modernismo, vanguardia, decadencia, kitsch, posmodernismo*. Madrid: Tecnos.
CÁNOVAS, Rodrigo (1997): *Novela chilena. Nuevas generaciones: el abordaje de los huérfanos*. Santiago: Universidad Católica de Chile.
CAMPRA, Rosalba (1994): «La ciudad en el discurso literario». En *Syc* 5: 19-39.
CASTRO-KLAREN, Sara (1988): *MVL. Análisis introductorio*. Lima: Latinoamericana Editores.

CAWELTI, John (1976): *Adventure, Mystery, and Romance Formula Stories as Art and Popular Culture*. Chicago / London: The University of Chicago Press.

CERTEAU, Michel de (1996): *La invención de lo cotidiano. Artes de hacer*. México: Universidad Iberoamericana.

CHANDLER, Raymond (1980): *El simple arte de matar*. Barcelona: Bruguera.

CHARTIER, Roger (1992): *El mundo como representación*. Barcelona: Gedisa.

— (1995): *Sociedad y escritura en la edad moderna*. México: Instituto Mora.

CLARKL D'LUGO, Carol (1997): *The Fragmented Novel in Mexico. The Politics of Form*. Austin: The University of Texas Press.

COHN, Jan (1988): *Romance and the Erotics of Property. Mass-Market Fiction for Women*. Durham / London: Duke University Press.

COLLINS, Jim (1989): *Uncommon Cultures. Popular Culture and Post-Modernism*. London / New York, Routledge.

CORTÁZAR, Julio (1994): *Cuentos completos*. Madrid: Alfaguara.

COUEGNAS, Daniel (1992): *Introduction a la paralittérature*. Paris: Seuil.

COUTINHO, Sônia (1976): *Uma Certa Felicidade*. Rio de Janeiro: Livraria Francisco Alves.

COVARRUBIAS, Alicia (1994): «*El vampiro de la colonia Roma*, de Luis Zapata: la nueva picaresca y el reportaje ficticio». En *Revista de Crítica Literaria Latinoamericana* XX (39): 183-197.

DAVIES, T. (1983): «Transports of Pleasure». En Jameson, Frederic (ed.): *Formations of Pleasure*. London / Boston: Routledge and Kegan, 46-58.

DAY, Gary & BLOOM, Clive (ed.) (1988): *Perspectives on Pornography*. New York: St. Martin's Press.

DÍAZ ETEROVIC, Ramón (1995): *Angeles y solitarios*. Santiago: Planeta.

DOCKER, John (1994): *Postmodernism and Popular Culture. A Cultural History*. Cambridge: Cambridge University Press.

DONOSO, José (1980): *La misteriosa desaparición de la Marquesita de Loria*. Barcelona: Seix Barral.

DORFLES, Gillo (1969): *Kitsch. The World of bad taste*. New York: University Books.

DOWNING, John & MOHAMMADI, Ali (eds.) (1990): *Questioning the Media. A Critical Introduction*. Newbury Park / London / New Delhi: Sage.
DRUMMOND, Roberto (1975): *A morte de D. J. em Paris*. São Paulo: Ática.
— (1978): *O dia em que Ernest Hemingway morreu crucificado*. São Paulo: Ática.
— (1981): *Sangue de Coca-Cola*. São Paulo: Ática.
— (1982): *Quando fui morto em Cuba*. São Paulo: Ática.
DUHALDE, Eduardo Luis (1983): *El estado terrorista argentino*. Barcelona: Argos.
DUNN, Peter (1993): *Spanish Picaresque Fiction. A New Literary History*. Ithaca / London: Cornell University Press.
EAGLETON, Terry (1996): *The Illusions of Postmodernism*. Oxford / Cambridge: Blackwell.
ECO, Umberto (1968): *Apocalípticos e integrados*. Barcelona: Lumen.
— (1984): *Apostillas a El nombre de la rosa*. Barcelona: Lumen.
— (1988): *De los espejos y otros ensayos*. Barcelona: Lumen.
— (1995): *El superhombre de masas. Retórica e ideología en la novela popular*. Barcelona: Lumen.
ENZENSBERGER, Hans M. (1968): *Política y delito*. Barcelona: Seix Barral.
— (1984): *Elementos para una teoría de los medios de comunicación*. Barcelona: Anagrama.
FEINMANN, José Pablo (1991): «Estado policial y novela negra argentina». En Petronio, Giuseppe & Rivera, Jorge B. & Volta, Luigi (eds.): *Los héroes difíciles. Literatura policial en la Argentina y en Italia*. Buenos Aires: Corregidor, 155-165.
FISKE, John (1994): *Reading the Popular*. London / New York: Routledge.
FLUCK, Winfried (1991): «Sentimentality and the Changing Functions of Fiction». En Herget, Winfried (ed.): *Sentimentality in Modern Literature and Popular Culture*. Tübingen: Gunter Narr Verlag.
FONSECA, Rubem (1973): *O caso Morel*. Rio de Janeiro: Artenova.
— (1975): *Feliz Ano Novo*. Lisboa: Contexto.
— (1985): *Bufo & Spallanzani*. Rio de Janeiro: Francisco Alves.
— (1989): *Vastas Emoções e Pensamentos Imperfeitos*. São Paulo: Schwarcz.
— (1990): *Agosto*. Sao Paulo: Ed. Schwarcz.

— (1992): *Romance Negro e Outras Histórias*. São Paulo: Ed. Schwarcz.
FOUCAULT, Michel (1979): *Microfísica del poder*. Madrid: La Piqueta.
— (1985): «Contestación al círculo de epistemología». En *El discurso del poder*. Buenos Aires: Folios, 88-124.
— (1993): *Prefacio a la transgresión*. Buenos Aires: Trivial.
FRYE, Northrop (1976): *The Secular Scripture: A Study of the Structure of Romance*. Cambridge: Harvard University Press.
FUGUET, Alberto (1991): *Mala onda*. Buenos Aires: Planeta.
— (1998): *Por favor, rebobinar*. Buenos Aires: Alfaguara.
— (2000): «Más estrellas que en el cielo». En *Se habla español*. Miami: Alfaguara, 111-122.
FUGUET, Alberto & GÓMEZ, Sergio (eds.) (1993): *Cuentos con walkman*. Santiago: Planeta.
— (1996): *McOndo*. Barcelona: Mondadori.
GAMBOA, Santiago (1997): *Perder es cuestión de método*. Bogotá: Norma.
GANDOLFO, Elvio (1982): *La reina de las nieves*. Buenos Aires: Centro Editor de América Latina.
— (1984): «¿Menores? Un dictamen desde el estrado». En *Lecturas críticas*. (2): 49-55.
— (1987): «El inspector Suárez y el caso Benedetti». En «http://foro.ela-leph.com».
GARCÍA CANCLINI, Néstor (1990): *Culturas híbridas. Estrategias para entrar y salir de la modernidad*. México: Grijalbo.
— (1997): *Imaginarios urbanos*. Buenos Aires: Eudeba.
GELPÍ, Juan (1994): *Literatura y paternalismo en Puerto Rico*. San Juan: Editorial de la Universidad de Puerto Rico.
GINZBURG, Carlo (1991): *El queso y los gusanos*. Barcelona: Muchnik.
GODOY LADEIRA, Julieta de (comp.) (1988): *Memórias de Hollywood*. São Paulo: Nobel.
GÓMEZ, Sergio (1993): *Adiós Carlos Marx, nos vemos en el cielo*. Santiago: Planeta.
— (1994): *Vidas ejemplares*. Santiago: Planeta.
GONZÁLEZ ECHEVARRÍA, Roberto (1990): *Myth and Archive. A theory of Latin American Narrative*. Cambridge: Cambridge University Press.

GONZÁLEZ REQUENA, Jesús (1995): *El Espot publicitario. Las metamorfosis del deseo*. Madrid: Cátedra.
GRIGNON, Claude & PASSERON, Jean-Claude (1991): *Lo culto y lo popular. Miserabilismo y populismo en sociología y en literatura*. Buenos Aires: Nueva Visión.
GREENBERG, Clement (1979): *Arte y cultura*. Barcelona: Gustavo Gili.
GUNIA, Inke (1994): *¿«Cuál es la onda»? La literatura de la contracultura juvenil en el México de los años sesenta y setenta*. Frankfurt am Main: Vervuert.
GUTIÉRREZ MOUAT, Ricardo (1983): *José Donoso, impostura e impostación: la modelización lúdica y carnavalesca de una producción literaria*. Gaithersburgh: Hispamérica.
HANSSON, Heidi (1998): *Romance Revived. Postmodern Romances and the Tradition*. Umeå: Umeå Science Press.
HARRINGTON, C. Lee & BIELBY, Denise (1984): *Soap Fans, Pursuing Pleasure and Making Meaning in Everyday Life*. Philadelphia: Temple University Press.
HAYS, Michel & NIKOLOPOULOU, Anastasia (eds.) (1996): *Melodrama. The Cultural Emergence of a Genre*. London: MacMillan Press.
HERGET, Winfried (ed.) (1991): *Sentimentality in Modern Literature and Popular Culture*. Tübingen: Gunter Narr.
HUTCHEON, Linda (1985): *A Theory of Parody*. New York / London: Methuen.
— (1990): *The Politics of Postmodernism*. London / New York: Routledge.
HUYSSEN, Andreas (1988): «En busca de la tradición: vanguardia y posmodernismo en los años setenta». En Picó, Josep (ed.): *Modernidad y posmodernidad*. Madrid: Alianza, 141-164.
JAÉN, Didier (1987): «La neopicaresca en México: Elena Poniatowska y Luis Zapata». En *Tinta* 5: 23-29.
JAMESON, Frederic (1981): *The Political Unconsciousness: Narrative as Socially Symbolic Act*. Ithaca: Cornell University Press.
— (1991): «El posmodernismo y el pasado». En *Ensayos sobre el posmodernismo*. Buenos Aires: Imago, 35-46.
— (1992): *Signatures of the visible*. New York / London: Routledge.
— (1996): *Teoría de la posmodernidad*. Madrid: Trotta.

KANT, Immanuel (1993): *Crítica del juicio*. Buenos Aires: Losada.
KRENTZ, Jayne Ann (ed.) (1992): *Dangerous Men and Adventurous Women. Romance Writers on the Appeal of the Romance*. Philadelphia: University of Pennsylvania Press.
LACAPRA, Dominick (1998): «Repensar la historia intelectual y leer los textos». En Palti, Elías José (ed.): *Giro lingüístico e historia intelectual*. Quilmes: Universidad Nacional de Quilmes, 237-293.
LAFFORGUE, Jorge & RIVERA, Jorge B. (1996): *Asesinos de papel*. Buenos Aires: Colihue.
LE GRAND, Eva (1988): «Kitsch et modernité». En Latraverse, François & Moser, Walter: *Vienne au tournant du siècle*. Montreal / Paris: Hurtubise, 319-330.
— (1995): «Kitsch et désir d'éternité». En *Kundera ou La mémoire du désir*. Montreal: L'Harmattan, 37-77.
— (ed.) (1996): *Séductions du Kitsch*. Quebec: Conseil de recherche en sciences humaines du Canada.
LEÑERO, Vicente (1971): *Los albañiles*. Barcelona: Seix Barral.
LIPOVETSKY, Gilles (1986): *La era del vacío. Ensayos sobre el individualismo contemporáneo*. Barcelona: Anagrama.
LUNN, Eugene (1986): *Marxismo y modernismo. Un estudio histórico de Lukács, Brecht, Benjamin y Adorno*. México: Fondo de Cultura Económica.
MARTÍN-BARBERO, Jesús (1993): *De los medios a las mediaciones. Comunicación, cultura y hegemonía*. Barcelona: Gustavo Gili.
MARTÍN-BARBERO, Jesús & MUÑOZ, Sonia (eds.) (1992): *Televisión y melodrama. Géneros y lecturas de la telenovela en Colombia*. Bogotá: Tercer Mundo.
MASOTTA, Oscar (1965): *Sexo y traición en Roberto Arlt*. Buenos Aires: Jorge Alvarez.
— (1967): *El «pop-art»*. Buenos Aires: Nuevos esquemas.
MCCRACKEN, Scott (1998): *Pulp. Reading popular fiction*. Manchester / New York: Manchester University Press.
MCROBBIE, Angela (1994): *PostModernism and Popular Culture*. London / New York: Routledge.

MEYER, Moe (ed.) (1994): *The Politics and Poetics of Camp*. London / New York: Routledge.
MILLER, Jane (1991): *Seductions. Studies in Reading and Culture*. Cambridge: Harvard University Press.
MOLES, Abraham (1990): *El kitsch. El arte de la felicidad*. Barcelona: Paidós.
MOREIRA DA COSTA, Flávio (1992): *Avenida Atlántica*. Rio de Janeiro: Rio Fundo.
MOST, Glenn & STOWE, William (eds.) (1983): *The Poetics of Murder. Detective Fiction and Literary Theory*. London / New York: Harcout Brace.
MULVEY, Laura (1989): *Visual and Other Pleasures*. London: MacMillan.
NARCEJAC, Thomas (1986): *Una máquina de leer: la novela policíaca*. México: Fondo de Cultura Económica.
NASCIMENTO, Esdras de (ed.) (1985): *Histórias de Amor Infeliz*. Rio de Janeiro: Nórdica.
NEWMAN, Kathleen N. (1983): *The Argentine Political Novel: Determinations in Discourse*. Michigan: University Michigan Press.
NOYA, Elsa (1993): «Habla y escritura. El que traiciona a un traidor tiene cien años de parodia». En Ferro, Roberto (ed.): *La parodia en la literatura latinoamericana*. Buenos Aires: ILH.
OLENDER, Maurice & SOJCHER, Jacques (eds.) (1980): *La séduction*. Paris: Aubier.
PADURA, Leonardo (1991): *Pasado perfecto*. La Habana: Unión.
— (1994): *Vientos de cuaresma*. La Habana: Unión.
— (1997): *Máscaras*. Barcelona: Tusquets.
PALMER, Jerry (1980): *Thrillers. La novela de misterio*. México: Fondo de Cultura Económica.
— (1991): *Potboilers. Methods, concepts and case studies in popular fiction*. London / New York: Routledge.
PANESI, Jorge (1983): «Manuel Puig: las relaciones peligrosas». En *Revista Iberoamericana* 125: 903-917.
PAULA, José Agrippino de (1988): Panamérica. São Paulo: Max Limonad.
PAULS, Alan (1986): *Manuel Puig. La traición de Rita Hayworth*. Buenos Aires: Hachette.
PAZ SOLDÁN, Edmundo (2000): *Sueños digitales*. La Paz: Alfaguara.

— (2002): «Escritura y cultura audiovisual en *Por favor, rebobinar* de Alberto Fuguet». En *Latin American Literary Review* 30 (59): 43-54.
— (2003): *El delirio de Turing*. La Paz: Alfaguara.
Pezzoni, Enrique (1986): *El texto y sus voces*. Buenos Aires: Sudamericana.
Phillips, John (1999): *Forbidden Fictions. Pornography and Censorship in Twentieth-Century Literature*. London: Pluto Press.
Piglia, Ricardo (1980): *Respiración artificial*. Buenos Aires: Pomaire.
—(1993): *Las fieras*, Prólogo. Buenos Aires: Clarín / Aguilar.
Ponce, Néstor (1998): «Compartir la vida misma: lo policial en *The Buenos Aires Affair*». En Amícola, José & Speranza, Graciela (eds.): *Encuentro Internacional Manuel Puig*. Rosario: Beatriz Viterbo, 295-303.
Puig, Manuel (1969): *Boquitas pintadas*. Buenos Aires: Sudamericana.
— (1973): *The Buenos Aires Affair*. Buenos Aires: Sudamericana.
— (1976): *El beso de la mujer araña*. Barcelona: Seix Barral.
— (1987): *La traición de Rita Hayworth*. Barcelona: Seix Barral.
Puppo, Flavia (ed.) (1998): *Mercado de deseos. Una introducción en los géneros del sexo*. Buenos Aires: La Marca.
Quevedo, Francisco de (1996): *La vida del Buscón*. Madrid: Akal.
Quiroga, Horacio (1997): «El vampiro». En *Cuentos completos*. Volumen II. Buenos Aires: Seix Barral, 168-185.
Radner, H. (1995): *Shopping around. Feminine Culture and the Pursuit of Pleasure*. New York / London: Routledge.
Ramírez Heredia, Rafael (1996): *De tacones y gabardina*. México: Alfaguara.
— (1997): *Con M de Marilyn*. México: Alfaguara.
Robertson, Pamela (1996): *Guilty Pleasures. Feminist Camp from Mae West to Madonna*. Durham / London: Duke University Press.
Romero, Denzil (1991): *Parece que fue ayer*. Caracas: Planeta.
Rosenberg, Bernard & Manning White, David (eds.) (1957): *Mass Culture. The Popular Arts in America*. London: Collier-MacMillan.
Ross, Andrew (1989): «Uses of Camp». En *NO Respect. Intellectuals and Popular Culture*. New York / London: Routledge, 135-170.
Rotker, Susana (1991): «Claves paródicas de una literatura nacional: La guaracha del Macho Camacho». En *Hispamérica* 20 (60): 23-31.

Rowe, William & Schelling, Vivian (1991): *Memory and Modernity. Popular Culture in Latin America*. London: Verso.
Saer, Juan José (1994a): *La pesquisa*. Barcelona: Seix Barral.
— (1994b): «Un largo adiós al policial». En *Cultura y nación*, suplemento de *Clarín*, 27 de octubre: 7.
Saínz, Gustavo (1965): *Gazapo*. México: Joaquín Mortiz.
Sánchez, Luis Rafael (1988): *La importancia de llamarse Daniel Santos*. Hanover: Ediciones del Norte.
Santis, Pablo de (1998): *La historieta en la edad de la razón*. Buenos Aires: Paidós.
— (1999): *Filosofía y Letras*. Buenos Aires: Planeta.
Santos, Lidia (1993): «Des héros et des larmes. Le kitsch et la culture de masse dans les romans des caraïbes hispanophones et du Brésil». En *Études Littéraires* 25 (3): 39-48.
— (2004): *Kitsch tropical. Los medios en la literatura y el arte en América Latina*. Madrid: Iberoamericana.
Sarlo, Beatriz (1985): *El imperio de los sentimientos*. Buenos Aires: Catálogos.
— (1996): «Modernidad y mezcla cultural». En Vázquez Rial, Horacio (ed.): *Buenos Aires 1880-1930. La capital de un imperio imaginario*. Madrid: Alianza, 183-195.
Sasturain, Juan (1985): *Manual de perdedores 1*. Buenos Aires: Legasa.
— (1987): *Manual de perdedores 2*. Buenos Aires: Legasa.
—(1992): *Los sentidos del agua*. Buenos Aires: Clarín / Aguilar.
Sennett, Richard (1994): *Carne y piedra. El cuerpo y la ciudad en la civilización occidental*. Madrid: Alianza.
Sepúlveda, Luis (1994): *Nombre de torero*. Barcelona: Tusquets.
Scarpetta, Guy (1988): *L'artifice*. Paris: Bernard Grasset.
Sklodowska, Elzbieta (1991): *La parodia en la nueva novela hispanoamericana (1960-1985)*. Amsterdam / Philadelphia: John Benjamins.
Soler, Jordi (1998): *La cantante descalza y otros casos oscuros del rock*. México: Alfaguara.
Solotorevsky, Myrna (1988): *Literatura-paraliteratura*. Madrid: Hispamérica.

SONTAG, Susan (1984): «Notas sobre lo *camp*». *Contra la interpretación*. Barcelona: Seix Barral, 303-321.
SPERANZA, Graciela (1998): «Relaciones peligrosas: modernidad y cultura de masas (Del pop art a Manuel Puig)». En Amícola, José & Speranza, G. (eds.): *Encuentro internacional Manuel Puig*. Rosario: Beatriz Viterbo, 129-136.
STALLYBRASS, Peter & WHITE, Allon (1986): *The Politics and Poetics of Transgression*. Ithaca / New York: Cornell University Press.
STAVANS, Ilan (1997): *Antiheroes. Mexico and Its Detective Novel*. London: Associated University Press.
STAVENHAGEN, Rodolfo (ed.) (1991): *La cultura popular*. México: Premia.
STEIMBERG, Oscar (1998): *Semiótica de los medios masivos. El pasaje a los medios de los géneros populares*. Buenos Aires: Atuel.
STRINATI, Dominic (1995): *An Introduction to Theories of Popular Culture*. London / New York: Routledge.
STROUN, Isabelle (1993): *Roberto Drummond*. Paris: L'Harmattan.
SWANSON, Philip (1995): *The New Novel in Latin American. Politics and Popular Culture after the Boom*. Manchester / New York: Manchester University Press.
SWINGEWOOD, Alan (1987): *El mito de la cultura de masas*. México: Premia.
TAIBO II, Paco Ignacio (1986): *Sombra de la sombra*. México: Planeta.
— (1987): *La vida misma*. México: Planeta.
— (1989): *No habrá final feliz*. México: Planeta.
— (1992): *Cosa fácil*. México: Promexa.
— (1994): *Sintiendo que el campo de batalla...* México: Roca.
— (1995): *Algunas nubes*. México: Alfaguara.
— (1998): *Arcángeles. Doce historias de revolucionarios herejes del siglo* XX. México: Planeta.
THOMPSON, Jon (1993): *Fiction, Crime, and Empire*. Urbana / Chicago: University of Illinois Press.
TODOROV, Tzvetan (1978): *Poétique de la prose*. Paris: Seuil.
TORO, Suso de (1993): *Ambulancia*. Vigo: Xerais.
TORRE, María Elena (2002/03): «En las huellas de Piglia y Saer: el policial entre la historia y el mito». En *Cuadernos del Sur- Letras* 32-33: 275-288.

Torres-Rosado, Santos (1991): «Canon and Innovation in Adonis García: A Picaresque Novel». En *Monographic Review* 7: 276-283.
Trevisan, Dalton (1968): *Desastres do Amor*. Rio de Janeiro: Civilização Brasileira.
— (1975): *Morte na Praça*. Rio de Janeiro: Civilização Brasileira.
— (1983): *Meu Querido Assassino*. Rio de Janeiro: Record.
Tynianov, Yuri (1969): «Destruction, parodie». En *La destruction. Change 2*. Paris: Seuil, 67-76.
Urquidi Illanes, Julia (1983): *Lo que Varguitas no dijo*. La Paz: Khana Cruz.
Vargas Llosa, Mario (1977): *La tía Julia y el escribidor*. Barcelona: Seix Barral.
Vattimo, Gianni (1990): *La sociedad transparente*. Barcelona: Paidós.
— (1992): «Utopía, contrautopía, ironía». En *Ética de la interpretación*. Buenos Aires: Paidós, 95-112.
— (1997): *El fin de la modernidad*. Barcelona: Gedisa.
Vega, Ana Lydia (1987): *Pasión de historia y otras historias de pasión*. Buenos Aires: Ediciones de la Flor.
Veron, Eliseo & Escudero Chauvel, Lucrecia (eds.) (1997): *Telenovela. Ficción popular y mutaciones culturales*. Barcelona: Gedisa.
Viñas, David (1971): *Literatura argentina y realidad política*. Buenos Aires: Siglo xx.
Waldman, Diane (1993): *Roy Lichtenstein*. New York: Guggenheim Museum.
Walsh, Rodolfo (1972): *Operación masacre*. Buenos Aires: Ediciones de la Flor.
— (1981): «Esa mujer». En *Los oficios terrestres. Obra literaria completa*. México: Siglo xxi, 163-171.
— (1984): *¿Quién mató a Rosendo?* Buenos Aires: Ediciones de la Flor.
Wheale, Nigel (ed.) (1995): *The Postmodern Arts. An Introductory Reader*. London-New York, Routledge.
Whiting, Cécile (1997): *A Taste for Pop. Pop Art, Gender and Consumer Culture*. New York: Cambridge University Press.
Zapata, Luis (1979): *El vampiro de la Colonia Roma*. México: Grijalbo.

— (1985): *En jirones*. México: Posada.
— (1989): *Ese amor que hasta ayer nos quemaba*. México: Posada.
— (1995): *La más fuerte pasión*. México: Océano.
ZONA DE CONTACTO (1995): *Disco duro*. Santiago: Planeta.
ZUBIETA, Ana María (ed.) (2000): *Cultura popular/cultura de masas. Conceptos, recorridos y polémicas*. Buenos Aires: Paidós.

NOTA

Agradecemos la autorización para reproducir las ilustraciones a Juan Sasturain, a la editorial Colihue, a Ediciones de la Flor y a Estate of Roy Lichtenstein.